【文献学基本丛书·第一辑】
吴格 主编

陈垣 著

史讳举例
校勘学释例

復旦大學出版社

总　序

　　源远流长之中华文明,其声教文物及典章制度,历数千年而迄未中断,实赖于文献之记载与传承。晚近以来文化转型,传统文献以外,又加入外邦文化,中国文献学之畛域大为拓展。生于今世而身为文献学人,非仅知识储备应加宽加厚,研究能力尤须加精加细,然而盱衡中外,实际现状则未容乐观。现代学制及其课程之设置,培养目标以通用型人材为急务,专业学科人材之造就,则有待分阶段完成。置身科技日新时代,人文学科人材之培养本已不易,而文献学人材之造就尤觉其难。文献学之范畴甚广,昔人治史,素重史料、史学及史识,若以此指代文献学研究之内容、方法及观念,两者之内涵庶几相近。文献学作为人文、社科研究之基础学科,征文考献,乃为其根本宗旨。有志研习文史者,舍文献学训练而欲解读先民遗存之典籍,进而认识古代社会之生活及文化,自不免举步艰难,所视茫然,而郢书燕说,所在多有。因此常闻人言,对母语及故国文化之荒疏,已为今人之通病及软肋。

　　文献学研究无所不包,举凡先民创造所遗,莫不可为考释古今文化现象之材料。其内容虽以文字记载为主,亦包含实物文献;其文本以图书典籍为主,亦重视各类非书资料;其取材以本土文献为主,亦关照域外观念及古书。面对林林总总之史料,调查收集,编目整序,研读判断,整理保护,乃至深入揣摩,著书立说,门类既广,专题林立,终生投入,所获依然有限。利用科技信息技术之进步,当代学人虽拥有"穷四海于弹指,缩千里于一屏"之神通,便利远胜于昔人,但传统文献学之基本训练,如前人于目录、版本、校勘、文字、音韵、训诂诸学科之实践经验,仍不可不讲求并勤于借鉴。由识字断文、释读文本始,进而遍识群书,分析综合,加以拾遗补缺,考订遗文,又能删除枝蔓,探明本旨,至于体味古人语境,还原历史场景,应为从事文献研究之基本目标。

　　文献学训练与研究之主要对象,仍为传承至今之历代典籍。由基本典籍而衍生之各类著述,构成现存古代文献之大海汪洋,其中有关文献研究之专著,所示门径与方法,皆为古人遗惠后世之宝贵遗产。近代以来,文献学前辈董理国故,推陈出新,亦产生大批名家专著,足为今人研修之助。二十世纪至今之文献学名家专著,屡经重版之余,犹未餍读者之求。复旦大学出版社编辑同人有鉴于此,发起编辑"文献学基本丛书",计划由近及远,选刊久已脍炙人口、至今犹可奉为治学圭臬之要籍,重版以飨读者。选本标准,一则立足于名家专著,选择体量适中、授人以渔,既便文献教学参考,又利于各地初学自修者;二则入选诸书,皆从其朔,尽可能择用初期版本,书重初刻,未必非考镜源流之一助焉。

　　　　　　　　　岁甲辰仲夏古乌伤吴格谨识于复旦大学光华西楼

总　目

史讳举例 …………………………………………………… 1
校勘学释例 ………………………………………………… 143

史讳举例

最初发表于《燕京学报》1927年第4期
现据科学出版社1958年排印本整理

目 录

序 ·· 7
卷一 避讳所用之方法 ·· 9
  第 一 避讳改字例 ·· 9
  第 二 避讳空字例 ·· 11
  第 三 避讳缺笔例 ·· 12
  第 四 避讳改音例 ·· 14
卷二 避讳之种类 ·· 17
  第 五 避讳改姓例 ·· 17
  第 六 避讳改名例 ·· 18
  第 七 避讳辞官例 ·· 20
  第 八 避讳改官名例 ····································· 21
  第 九 避讳改地名例 ····································· 22
  第 十 避讳改干支名例 ·································· 23
  第十一 避讳改经传文例 ·································· 23
  第十二 避讳改常语例 ····································· 24
  第十三 避讳改诸名号例 ·································· 27
  第十四 避讳改物名例 ····································· 27
  第十五 文人避家讳例 ····································· 29
  第十六 外戚讳例 ·· 30

第 十 七　宋、辽、金、夏互避讳例……………………………… 31

　　第 十 八　宋、金避孔子讳例…………………………………… 32

　　第 十 九　宋禁人名寓意僭窃例………………………………… 32

　　第 二 十　清初书籍避胡虏夷狄字例…………………………… 33

　　第二十一　恶意避讳例…………………………………………… 34

卷三　避讳改史实……………………………………………………… 37

　　第二十二　避讳改前人姓例……………………………………… 37

　　第二十三　避讳改前人名例……………………………………… 37

　　第二十四　避讳改前人谥例……………………………………… 40

　　第二十五　避讳改前代官名例…………………………………… 41

　　第二十六　避讳改前代地名例…………………………………… 43

　　第二十七　避讳改前代书名例…………………………………… 44

　　第二十八　避讳改前朝年号例…………………………………… 45

卷四　因避讳而生之讹异……………………………………………… 47

　　第二十九　因避讳改字而致误例………………………………… 47

　　第 三 十　因避讳缺笔而致误例………………………………… 48

　　第三十一　因避讳改字而原义不明例…………………………… 49

　　第三十二　因避讳空字注家误作他人例………………………… 50

　　第三十三　因避讳空字后人连写遂脱一字例…………………… 51

　　第三十四　讳字旁注本字因而连入正文例……………………… 51

　　第三十五　因避讳一人二史异名例……………………………… 52

　　第三十六　因避讳一人一史前后异名例………………………… 55

　　第三十七　因避讳一人数名例…………………………………… 56

　　第三十八　因避讳二人误为一人或一人误为二人例…………… 57

　　第三十九　因避讳一地误为二地或二地误为一地例…………… 59

第 四 十	因避讳一书误为二书例	59
第四十一	避讳改前代官名而遗却本名例	60
第四十二	避讳改前代地名而遗却本名例	61

卷五　避讳学应注意之事项 … 63

第四十三	避嫌名例	63
第四十四	二名偏讳例	65
第四十五	已祧不讳例	66
第四十六	已废不讳例	67
第四十七	翌代仍讳例	68
第四十八	数朝同讳例	69
第四十九	旧讳新讳例	70
第 五 十	前史避讳之文后史沿袭未改例	72
第五十一	避讳不尽或后人回改例	73
第五十二	避讳经后人回改未尽例	75
第五十三	南北朝父子不嫌同名例	77

卷六　不讲避讳学之贻误 … 79

第五十四	不知为避讳而致疑例	79
第五十五	不知为避讳而致误例	81
第五十六	不知为避讳而妄改前代官名例	82
第五十七	不知为避讳而妄改前代地名例	83
第五十八	非避讳而以为避讳例	83
第五十九	已避讳而以为未避例	85
第 六 十	以为避讳回改而致误例	87

卷七　避讳学之利用 … 89

第六十一	因讳否不画一知有后人增改例	89

第六十二　因讳否不画一知有小注误入正文例 …………… 90

第六十三　因讳否不画一知有他书补入例 ……………… 90

第六十四　因讳否不画一知书有补版例 ………………… 92

第六十五　因避讳断定时代例 …………………………… 92

第六十六　因避讳断定二人为一人例 …………………… 94

第六十七　因犯讳断定讹谬例 …………………………… 95

第六十八　因犯讳知有衍文、脱文例 …………………… 98

第六十九　因犯讳或避讳断为伪撰例 …………………… 99

第 七 十　据避讳推定而讹误例 ………………………… 103

第七十一　避讳存古谊、古音例 ………………………… 105

卷八　历朝讳例 ……………………………………………… 107

第七十二　秦、汉讳例 …………………………………… 107

第七十三　三国讳例 ……………………………………… 109

第七十四　晋讳例 ………………………………………… 112

第七十五　南北朝讳例 …………………………………… 114

第七十六　唐讳例 ………………………………………… 119

第七十七　五代讳例 ……………………………………… 122

第七十八　宋讳例 ………………………………………… 125

第七十九　辽、金讳例 …………………………………… 130

第 八 十　元讳例 ………………………………………… 133

第八十一　明讳例 ………………………………………… 135

第八十二　清讳例 ………………………………………… 137

征引书目略 …………………………………………………… 140

重印后记 ……………………………………………………… 142

序

民国以前,凡文字上不得直书当代君主或所尊之名,必须用其他方法以避之,是之谓避讳。避讳为中国特有之风俗,其俗起于周,成于秦,盛于唐宋,其历史垂二千年。其流弊足以淆乱古文书,然反而利用之,则可以解释古文书之疑滞,辨别古文书之真伪及时代,识者便焉。盖讳字各朝不同,不啻为时代之标志,前乎此或后乎此,均不能有是,是与欧洲古代之纹章相类,偶有同者,亦可以法识之。研究避讳而能应用之于校勘学及考古学者,谓之避讳学。避讳学亦史学中一辅助科学也。

宋时避讳之风最盛,故宋人言避讳者亦特多。洪迈《容斋随笔》、王楙《野客丛书》、王观国《学林》、周密《齐东野语》,皆有关于历朝避讳之记载。清朝史学家如顾氏《日知录》、钱氏《养新录》、赵氏《陔余丛考》、王氏《十七史商榷》、王氏《金石萃编》等,对于避讳,亦皆有特别著录之条。钱氏《廿二史考异》中,以避讳解释疑难者尤多,徒因散在诸书,未能为有系统之董理。嘉庆间,海宁周广业曾费三十年之岁月,为避讳史料之搜集,著《经史避名汇考》四十六卷,可谓集避讳史料之大成矣。然其书迄未刊行,仅《蓬庐文钞》存其叙例,至为可惜。今肆上所通行专言避讳者,有陆费墀《帝王庙谥年讳谱》一卷,刊《历代帝王年表》末,黄本骥《避讳录》五卷、周榘

《廿二史讳略》一卷，分刊《三长物斋》及《啸园丛书》中。此三书同出一源，谬误颇多，不足为典要。如开篇即谓"汉文帝名恒，改恒农曰弘农；汉和帝名肇，兼避兆、照"之类，人云亦云，并未深考。其所引证，又皆不注出典，与俗陋类书无异。其所记录，又只敷陈历代帝王名讳，未能应用之于校勘学及考古学上发人深思，所以有改作之必要也。

兹编所论，以史为主，体裁略仿俞氏《古书疑义举例》，故名曰"史讳举例"。为例八十有二，为卷八：第一避讳所用之方法，第二避讳之种类，第三避讳改史实，第四因避讳而生之讹异，第五避讳学应注意之事项，第六不讲避讳学之贻误，第七避讳学之利用，第八历朝讳例，凡八万余言。意欲为避讳史作一总结束，而使考史者多一门路、一钥匙也。纠谬拾遗，以俟君子。一九二八年二月十六日，钱竹汀先生诞生二百周年纪念日，新会陈垣。

卷一　避讳所用之方法

第一　避讳改字例

避讳常用之法有三：曰改字，曰空字，曰缺笔。

改字之例显于秦，《史记·秦始皇本纪》："二十三年，秦王复召王翦使将击荆。"《正义》曰："秦号楚为荆者，以庄襄王名子楚，讳之，故言荆也。"又《秦楚之际月表》端月注，《索隐》曰："秦讳正，谓之端。"《琅邪台刻石》曰"端平法度""端直敦忠"，皆以端代正也。然《史记·李斯传》，赵高诈为始皇书赐公子扶苏，有曰"蒙恬与扶苏居外不匡正"，是不讳正。李斯狱中上二世书，有曰"北逐胡貉"，是不讳胡。

汉承秦制，亦有改字法。《汉书·高帝纪》注引荀悦曰："讳邦之字曰国。"师古曰："臣下所避以相代也。"其后各纪均引荀悦说。《后汉书》各纪注，自质帝以前，则引《伏侯古今注》说，各讳皆有一同义互训之字以相代。故《史记》恒山作常山，微子启作微子开，盈数作满数。《隶释》十四引汉石经残碑：《论语》"邦君为两君之好""何必去父母之邦"，《尚书》"安定厥邦"，皆书邦作国。又《周易·蹇卦》："以正邦也。"《释文》曰："荀、陆本作正国，为汉朝讳。"荀、陆，荀爽、陆绩也。《张迁碑》："诗云旧国，其命维新。"开母庙石阙，以开为启，则避讳改字之见于现存汉碑者。然《隶释》引汉石经《尚书》残碑，保字、志字仍不避，其他东汉碑中之邦、盈、恒、启等字尤数见，犹可谓建武以前，亲尽不讳也。今将建武以后诸讳字之见于现存诸碑者列下：

建宁四年《孔龗碑》曰"叡其玄秀"，光和四年《逢盛碑》曰"苗而不秀"，中平五年《张纳功德叙》曰"旌甄秀异"，是不避秀。

和平元年《严䜣碑》曰"兆自楚庄"，延熹三年《孙叔敖碑》曰"庄王置酒以为乐"，中平元年《郭究碑》曰"严庄可畏"，是不避庄。

延熹六年《平舆令薛君碑》曰"我君肇祖"，建安十年《樊敏碑》曰"肇祖忞戏"，是不避肇。

元嘉元年《丁鲂碑》曰"隆平"，永寿二年《韩勅碑》阴曰"袁隆"，光和二年《华山亭碑》曰"大华优隆"，是不避隆。

建宁二年《史晨奏铭》曰"玄德焕炳"，是不避炳。

熹平四年《帝尧碑》曰"缵尧之绪"，熹平六年《尹宙碑》曰"克缵祖业"，中平三年《张迁碑》曰"缵戎鸿绪"，是不避缵。

建宁四年《刘脩碑》曰"志曒拔葵"，熹平三年《娄寿碑》曰"岐嶷有志"，中平二年《曹全碑》曰"先意承志"，是不避志。

建宁元年《衡方碑》曰"揽英接秀"，曰"肇先盖尧之苗"，曰"□隆宽慓"，曰"保障二城"，于秀、肇、隆、保四字皆不避。

则汉时避讳之法亦疏，六朝而后，始渐趋严密耳。马衡曰："开母庙阙，亦庙名因避讳而改，后人因之，非书碑者避讳改字也。"然则《张迁碑》之"诗云旧国"亦所据传本如此,非书碑时避讳所改。

第二　避讳空字例

有因避讳,空其字而不书,或作空围,或曰"某",或径书"讳"字,其例亦古。《书·金縢》曰:"惟尔元孙某。"孔传:"元孙武王,某名,臣讳君故曰某。"《史记·孝文本纪》:"子某最长,请建以为太子。"某谓景帝启也。《史记》《汉书》于汉诸帝纪皆不书名。许氏《说文》于禾部光武讳、艸部明帝讳、火部章帝讳、戈部和帝讳、示部安帝讳,皆注曰"上讳",空其字不注。

《南齐书》为梁武父顺之讳,凡顺字皆改为从,遇顺之名则空之。汲古阁本犹存其旧,于《豫章文献王嶷传》宋从帝下,注"北雍本作顺,宋本讳",其下载嶷上武帝启,有"前侍幸□宅"语,□下注"顺之,宋本讳",此乃幸萧顺之宅,故子显直空其字耳。《鱼复侯子响传》,萧顺之则作□,而其下注一顺字,又加一圈云"宋本讳",凡此今本皆直书,盖据《南史》改。

《宋书·武帝纪》,于书、檄、诏、策等,称刘裕名曰刘讳,而其间亦有称裕者。数行之中,忽讳忽裕,皆后人校改。又永初元年六月,书"立彭城公义隆为宜都王",八月则书"荆州刺史宜都王讳进号镇西将军"。义隆,文帝也。忽称义隆,忽称讳,亦后人校改。

《文帝纪》,元嘉十三年九月,书"立第三皇子讳为武陵王"。第三皇子,即孝武帝骏。《孝武帝纪》,孝建二年正月"以冠军将军湘东王讳为中护军"。湘东王即明帝彧,皆讳而不名。

《顺帝纪》,昇明三年正月"新除给事黄门侍郎萧讳为雍州刺史",谓文惠太子长懋也。同年三月"以中军大将军讳为南豫州刺史",谓齐武帝萧赜也。《萧思话传》"南汉中太守萧讳",萧讳者,萧道成之父承之,追谥宣帝者也。《略阳清水氐传》"思话使司马萧讳先驱进讨",亦谓承之。

《旧唐书·睿宗纪》"临淄王讳",临淄王即玄宗。《旧唐书》于太宗、高宗、中宗纪,皆直书高、中、睿三宗之名,此纪于玄宗独称讳。盖五朝之史,成于玄宗之世,后史承袭其文,未及改正耳。

《金石萃编》摹刻碑文,遇清讳,辄书"庙讳"二字,令人暗索,有如射覆,甚不应也。

第三　避讳缺笔例

避讳缺笔之例始于唐。唐以前刻石,字多别体,不能定何者为避讳。北齐颜之推《家训·风操篇》,言当时避讳之俗甚详,亦只云"凡避讳者皆须得其同训以代换之",可见当时尚无缺笔之例。今将唐碑中之与避讳有关者列下:

贞观三年《等慈寺塔记》,称王世充为王充。

贞观四年《豳州昭仁寺碑》,用世字凡五处。

贞观五年《房彦谦碑》,有世字、民字,惟书虎贲为武贲。

贞观十四年《姜行本碑》"憖彼苍生",避太宗讳,借憖为愍。

贞观十六年《段志玄碑》，文内王世充不避世字。

贞观十八年《盖文达碑》，有世字。

永徽二年《马周碑》"持书侍御史"，改治为持。

显庆四年《大唐纪功颂》，王世充俱作王充。

乾封元年《赠泰师孔宣公碑》，两引"生民以来"，俱作生人。"愚智齐泯"，泯作汦。此为唐碑避讳缺笔始见，以后缺笔之字渐多。

乾封元年《于志宁碑》"世武"，世字作卋。

仪凤二年《李勣碑》，本名世勣，因避讳但名勣。而王世充世字特缺中一笔，未去世字。

万岁登封元年《封祀坛碑》，虎字不避，蒦作薞。

据上引，避讳缺笔，当起于唐高宗之世。《册府元龟·帝王部·名讳门》，载显庆五年正月诏曰："孔宣设教，正名为首，戴圣贻范，嫌名不讳。比见钞写古典，至于朕名，或缺其点画，或随便改换，恐六籍雅言，会意多爽；九流通义，指事全违，诚非立书之本意。自今以后，缮写旧典文字，并宜使成，不须随义改易。"

由此可见显庆初年已有避讳缺笔之事。《旧唐书·高宗纪》："显庆二年十二月，改昬葉宫。"《十七史商榷》七十，疑"宫"字为"字"字之讹，谓："必是以昬字之上民字、葉字之中世字犯讳，故改昬从氏，改葉从云。"其说近是。宫字盖承上文洛阳宫而讹也。

《野客丛书》十七云："世谓昏字合从民，今有从氏者，避太宗讳故尔。仆观《唐三藏圣教序》，正太宗所作，褚遂良书，其间'重昏之夜'则从民，初未尝改民从氏也。谓避讳之说谬矣，盖俗书则然"云。然此正可证其时尚无缺笔之法，不得谓昏之从氏，为非避讳。

《雪堂校刊群书叙录》下云:"往在武昌,于杨星吾舍人许,见所藏古写本《春秋集解》桓公残卷,舍人跋称是北齐人书。然观桓公十八当作十六。年传,冬城向,注引诗'定之方中'及'此未正中也',二中字作㞢,缺末笔之下半,避隋讳,乃隋写本,非出北齐,舍人未之知也。"又跋敦煌本《文选》云:"《王文宪集序》内,衷字缺笔作哀,为隋代写本,尤可珍。"是须先考定唐以前有无缺笔之例为主,似不能以六朝别体或一时讹误之字,为避讳之证也。

第四　避讳改音例

避讳改音之说,亦始于唐。然所谓因避讳而改之音,在唐以前者多非由讳改,在唐以后者又多未实行,不过徒有其说而已。

《史记·秦始皇本纪》,《正义》曰:"正音政,周正建子之正也,后以始皇讳,故音征。"宋张世南《游宦纪闻》九、孙奕《示儿编》十一,均为是说。然正本有征音,《诗·齐风》:"猗嗟名兮,美目清兮,终日射侯,不出正兮。"释文:"正音征。"《小雅·节南山》,正与平、宁为韵;《大雅·云汉》,正与星、嬴为韵,其非为秦讳明矣。

昭有韶音,唐人以为避晋讳,亦非也。《汉书·韦玄成传》,颜师古注:"晋室讳昭,故学者改昭为韶。"李涪《刊误》下云:"按《礼记》:昭,明也;穆,美也。盖光扬先祖之德,著斯美号。至晋武帝以其父名昭,改为韶音,历代已远,岂宜为晋氏之讳,而行于我唐哉!今请复为昭穆。"郭忠恕《佩觿》上则曰:"李祭酒涪说,为晋讳昭,改音韶,失之也。案《说文》自有佋穆之字,以昭为佋,盖借音耳。"《说文系传》佋字下亦云："说者多言晋以前言昭，自晋文帝名昭，故改昭穆为佋穆，据《说文》则为佋。"音作韶，非晋以后改明矣。《诗·魏风·汾沮洳》释文亦云："昭，绍遥反，《说文》作佋。"然段玉裁乃信避讳说，至欲删《说文》佋字，实为武断。

甄之有真音，宋人以为避孙坚讳，亦非也。庄绰《鸡肋编》中云："甄，三国以前未有音之人切者。孙权即位，尊坚为帝，江左诸儒为吴讳，故改音真。"《示儿编》十八则云："甄有二音，学者皆押在先韵，独真韵反未尝押。《文选》张华《女史箴》云：'散气流形，既陶且甄，在帝包羲，肇经天人。'则已押入真韵矣。"张澍《姓氏辩误》九驳之，谓："《女史箴》在三国后，孙氏未详考"云。今考《晋书·张华传》："华，范阳方城人。始仕魏，司马炎谋伐吴，华与羊祜实赞成其计。及吴灭，封广武县侯。"诚如《鸡肋编》言，则华固北人，与江左何涉！《女史箴》以甄与人为韵，则河北早有是音，非为吴讳矣。

《宋史》一〇八《礼志》："绍兴二年十一月，礼部太常寺言：渊圣皇帝御名桓。见于经传义训者，或以威武为义，或以回旋为义，又为植立之象，又为姓氏，当各以其义类求之。以威武为义者，今欲读曰威；以回旋为义者，今欲读曰旋；以植立为义者，今欲读曰植；若姓氏之类，欲去木为亘。又缘汉法，邦之字曰国，盈之字曰满，止是读曰国、曰满，其本字见于经传者，未尝改易。司马迁，汉人也，作《史记》曰：'先王之制，邦内畿服，邦外侯服。'又曰：'盈而不持则倾。'于邦字、盈字，亦不改易。今来渊圣皇帝御名，欲定读如前外，其经传本字，即不当改易，庶几万世之下，有所考证，推求义类，别无未尽"云。宋人苦于避讳之苛例，欲为改读之法，以救改字之失，其立意本善，然奈不能实行何。乃至曲解汉法以护其说，过矣！

《茶香室续钞》三引叶名沣《桥西杂记》云："雍正三年上谕：孔子讳理应回避，令九卿会议。九卿议以凡系姓氏，俱加阝为邱；凡系地名，皆改易他名；书写常用，则从古体作北。上谕：今文出于古文，若改用北字，是未尝回避也。此字本有期音，查《毛诗》古文作期音甚多，嗣后除四书五经外，凡遇此字，并加阝为邱，地名亦不改易，但加阝旁，读作期音，庶乎允协。按加阝作邱，至今通行；至读期音，则世鲜知者。"可见避讳改音之例，始终未尝实行也。

卷二　避讳之种类

第五　避讳改姓例

避讳改姓之例甚多,俗说相传,有不尽足据者。《通志·氏族略》云:

籍氏避项羽讳,改为席氏。
奭氏避汉元帝讳,改为盛氏。
庄氏避汉明帝讳,改为严氏。
庆氏避汉安帝父讳,改为贺氏。
师氏避晋景帝讳,改为帅氏。
姬氏避唐明皇讳,改为周氏。
弘氏避唐明皇讳,改为洪氏。
淳于氏避唐宪宗讳,改为于氏。
啖氏避唐武宗讳,改为澹氏。

按《元和姓纂》一,弘氏避高宗太子弘卒谥孝敬皇帝讳,改为洪氏,非避唐明皇讳也。

《梁溪漫志》三云:"闽人避王审知讳,沈字去水为尤,二姓实一姓也。"然《吴志·陆逊传》有鄱阳贼帅尤突,则尤姓由来远矣。

《闻见后录》廿一云:"文彦博本姓敬,其曾大父避石晋讳,更姓文,至汉复姓敬。入宋,其大父避翼祖讳,又更姓文。"

《挥麈前录》三云:"宋高宗中兴之初,蜀中有大族犯御嫌名,而游宦参差不齐,仓卒之间,各易其姓。仍其字而更其音者句涛也,加金字者钩光祖也,加丝字者绚纺也,加草字者苟谌也,改为勾者勾思也,增而为句龙者如渊也。繇是析为数家,累世之后,将不复别。"

第六　避讳改名例

避讳改名之例有三:一改其名,二称其字,三去其名一字。

《汉书·孔光传》:"孔霸曾孙莽,元始元年封褒成侯,后避王莽,更名均。"

《晋书·邓岳传》:"本名岳,以犯康帝讳,改为嶽,后竟名为岱。"

《南齐书·萧景先传》:"本名道先,建元元年乃改避上讳。"上谓萧道成也。

《魏书·李先传》:"字容仁,本字犯高祖庙讳。"盖本字宏仁也。

《魏书·尉羽传》:"名犯肃宗庙讳。"盖本名诩也。

《魏书·高祐传》:"本名禧,以与咸阳王同名,高祖赐名祐。"上改其名。

《宋书·王懿传》:"懿字仲德,睿字元德,兄弟名犯晋宣、元二帝讳,并以字称。"

《宋书·孔季恭传》:"孔靖字季恭,名与高祖祖讳同,故称字。"

《宋书·向靖传》:"字奉仁,小字弥,名与高祖同,故称小字。"祖下漏一祖字,应云"名与高祖祖同"。

《宋书·王景文传》:"名与明帝讳同。"明帝名彧也。

《魏书·崔玄伯传》:"名犯高祖庙讳。"高祖,孝文帝宏也。《北史》作"崔宏字玄伯"。

《北齐书·赵彦深传》:"本名隐,避齐庙讳,故以字行。"高欢六世祖名隐也。

《北周书·萧世怡传》:"以名犯太祖讳,故称字焉。"太祖,宇文泰也。

《隋书·文学传》:王贞字孝逸,与齐王启,自称字而不名,曰"孝逸生于战争之季",避隋文帝祖名祯也。

《新唐书·刘知幾传》:"刘子玄名知幾,以玄宗讳嫌,故以字行。"上称其字。

《南齐书·薛渊传》:"本名道渊,避太祖偏讳改。"太祖,萧道成也。

《旧唐书·裴行俭传》:"父仁基。"《裴光庭神道碑》避讳去基字。

《新唐书·裴矩传》,《宰相世系表》作世矩,盖入唐后避太宗讳去世字也。

唐开元三年《巂州都督姚懿碑》云:"公后娶刘氏,今紫微令崇、故宗正少卿景之母也。"以《唐表》考之,则懿三子,曰元景,曰元之,曰元素,其单称崇及景者,避玄宗尊号耳。

《新五代史·前蜀世家》:"黔南节度使王肇。"本名建肇,避蜀主王建讳,止称肇。

上去其名一字。

第七　避讳辞官例

有避正讳,有避嫌名。避正讳者,唐宋定制;避嫌名者,当时风尚也。

《南史·齐文惠太子长懋传》:"宋末转秘书丞,以与宣帝讳同,不就。"宣帝,萧道成之父承之,长懋曾祖也。范晔为太子詹事,以父名泰,辞不拜。当时习尚如此,非定制。

《北史·叙传》:"李延实授侍中太保,以太保犯祖讳,抗表固辞。"延实祖名宝,而辞太保,亦一时风尚。

《唐律·职制篇》:"诸府号官称犯祖父名,而冒荣居之者,徒一年。"《疏议》云:"府有正号,官有名称。府号者,假若父名卫,不得于诸卫任官,或祖名安,不得任长安县职之类;官称者,或父名军,不得作将军,或祖名卿,不得居卿任之类。皆须自言,不得辄受。"

《旧唐书·懿宗纪》:"咸通二年八月,中书舍人卫洙奏状称:'蒙恩除授滑州刺史,官号内一字与臣家讳音同,按洙父名次公。请改授闲官。'敕曰:'嫌名不讳,著在礼文,成命已行,固难依允。'"《旧唐书·贾曾传》:"拜中书舍人,以父名忠,固辞。议者以为中书是曹司名,与曾父名音同字别,于礼无嫌,乃就职。"《新五代史·刘昫传》:"太常卿崔居俭,以故事当为礼仪使,居俭辞以祖讳蠡。"唐人风尚,相沿如此。李贺父名晋肃,时人谓贺不得举进士,皆此类也。

第八　避讳改官名例

《春秋左氏》桓六年传，申繻对问名曰："名不以官，以官则废职。晋以僖侯废司徒，宋以武公废司空。"杜注："僖侯名司徒，废为中军；武公名司空，废为司城。"此避讳改官名之最显著者。后世有为国讳改者，一朝定制也；有为人臣家讳改者，则一时权宜之制也。

《晋书·职官志》："太宰、太傅、太保，周之三公官。晋初以景帝讳故，又采《周官》官名，置太宰，以代太师之任。"

《通典·职官篇》："隋改中书为内史，侍中为纳言，大业十二年又改纳言为侍内。"注："隋氏讳忠，故凡中皆曰内。"

又："唐永徽三年，避皇太子名，改中允为内允，改中郎将为旅贲郎将。"当时太子名忠也。

《旧唐书·高宗纪》："贞观二十三年六月，改民部尚书为户部尚书，七月，改治书侍御史为御史中丞，诸州治中为司马，治礼郎为奉礼郎。"

《金史》五五《百官志》："大宗正府，泰和六年避睿宗讳，改为大睦亲府。"

上以国讳改官名者也。

《新唐书》六七《方镇表》："天祐二年，赐昭信军节度，号戎昭军节度。"据《旧书·哀帝纪》："天祐二年十月，金州冯行袭奏昭信军额内一字，与元帅全忠讳字同，乃赐号戎昭军。"盖全忠祖讳信也。

《五代会要》十三载唐长兴四年九月敕："冯赟有经邦之茂业，

宜进位于公台,但缘平章字犯其父名,不欲斥其家讳,可改同平章事为同中书门下二品。"此文有关官制,而欧史不及,略也。赟父名璋。

上以人臣家讳,致改官名以就之者也。

第九 避讳改地名例

《晋语》:"范献子聘鲁,问具敖之山,鲁人以其乡对,献子曰:'不为具敖乎?'对曰:'先君献、武之讳也。'"盖鲁献公名具,武公名敖,故申繻对鲁桓公曰:"名不以国,不以山川,以国则废名,以山川则废主,先君献、武废二山。"是也。其后秦避始皇父庄襄王子楚讳,改楚为荆;汉避文帝讳,改恒山为常山,其例至夥。

《十驾斋养新录》十一,有"避讳改郡县名"一条可参据。唯其中避清讳,弘作宏,玄作元,胤作引,颇令人迷惑。如后魏献文帝名弘,改弘农曰恒农,今《养新录》弘写作宏,则与献文之子孝文混矣。因献文名弘,孝文名宏也。

又北魏献文以前,只有弘农,无恒农,而《廿二史考异》以避清讳故,于《续汉·郡国志》《百官志》、《三国志·法正传》、《晋书·地理志》《何无忌传》、《宋书·州郡志》等各条下,弘农字皆作恒农。《三史拾遗》于《汉书·枚乘传》亦然,不可不正。

朱希祖曰:"胡钦华《天南纪事》,吴三桂帝滇,讳襄为厢,讳三为参,讳桂为贵,遂改桂林为建林府,桂阳为南平州,桂东为义昌县,又遥改襄阳为汉南府。"此书传本尚少,附记于此。

第十　避讳改干支名例

唐高祖之父名昞,故唐人兼讳丙,凡丙多改为景。如万岁通天二年石刻《浮图铭》,丙申作景申,丙寅作景寅,是也。《晋》《梁》《陈》《北齐》《周》《隋》《南》《北》八史,皆修于唐,丙皆作景。今本多回改为丙。其未回改者,《晋》《隋书》《北史》本纪仍作景;《陈》《周书》《南史》本纪则作丙;《北齐书》景、丙互见;《梁书》皆作丙,而纪中大通四年二月景辰仍作景,则回改未尽者也。

《新五代史·梁本纪》,开平二年三月戊寅注:"梁尝更戊曰武,《旧史》悉复为戊。"《容斋续笔》六云:"十干戊字,与茂同音,俗辈呼为务,非也。吴中术者又称为武。偶阅《旧五代史》:'梁开平元年,司天监上言:日辰内戊字,请改为武。'乃知亦有所自也。今北人语多曰武。朱温父名诚,以戊类成字,故司天谄之。"吴任臣《十国春秋》亦同其说。

今《重修墙隍庙碑》,碑末书:"大梁开平二年,岁在武辰。"《金石文字记》五谓:以城为墙、以戊为武者,全忠父名诚,曾祖名茂琳。城,诚之嫌名;戊,茂之嫌名。《容斋续笔》谓以戊类成故改,其说非。

第十一　避讳改经传文例

据《隶释》所引汉石经残碑,《论语》《尚书》邦字,多改为国,避汉讳也。

《梁书·刘孝绰传》："众恶之必监焉，众好之必监焉。"此引《论语》，改察为监，姚思廉避其家讳也。

又《萧子恪传》："殷鉴不远，在夏后之代。"思廉修史在贞观之世，于太宗偏名可不回避。此文改世为代，或高宗以后人转写移易也。

《北史·宇文恺传》："堂修二七，博四修一。"此引《考工记》，改广为博，避隋炀帝名也。下文引胡伯始注《汉官》，亦避广，称胡广字。

唐石经：《毛诗》"洩洩其羽""桑者洩洩兮""无然洩洩""是绁袢也""俾民忧洩"，皆避世旁；"甿，刺时也""甿之蚩蚩""甿六章"，皆避民旁。

《新唐书》三十四《五行志》："乃取其五事，皇极庶证。"证即徵字，宋人避仁宗嫌名改。

宋高宗御书石经，避讳字多缺笔，唯《论语》"钦事而信""温良恭俭逊""商因于夏礼""得见有常者"，《孟子》"无辞逊之心""掊克在位则有责""用下钦上"，则敬改为钦，让改为逊或为责，殷改为商，然亦有不改者，盖随意所至，无定例也。《孟子》无唐以前石刻，此碑"有小民之事"，与今本作"小人"异，想唐以前古本如此。

第十二　避讳改常语例

《颜氏家训·风操篇》："桓公名白，博有五皓之称；厉王名长，琴有修短之目。"

《后汉书·曹褒传》："父充,持庆氏礼。"《蔡邕传》注："太伯端委以持周礼。"《郅恽传》："理《韩诗》《严氏春秋》。"或持或理,本皆治字,章怀避讳改。若《侯霸传》"治《穀梁春秋》"、《吴良传》"又治《尚书》",则校书者转改。

《后汉书·应劭传》："夫时化则刑重,时乱则刑轻。《书》曰'刑罚时轻时重',此之谓也。"注："犯化之罪固重,犯乱之罪为轻。"据《汉书·刑法志》："治则刑重,乱则刑轻,犯治之罪固重,犯乱之罪为轻也。"说本《荀子·正论篇》,此传及注中化字,本是治字,章怀注改。《张奋传》《曹褒传》"化定制礼",《王符传》"乱生于化""化国之日舒以长",《仲长统传》"乱世长而化世短""君子用法制而至于化""或以之化",《爰延传》"尚书令陈蕃任事则化",皆是也。世改为代,或改为时,此传"时轻时重"是也。

《史通·因习篇》云："范晔既移题目于传首,列姓名于卷中,而犹于列传之下,注为列女、高隐等目。"范史本题逸民,此云高隐者,避唐讳,非误记也。

《续汉·五行志》："建光元年,京都及郡国二十九。"京师作京都,避晋讳也。《百官志》间有作京师者,乃后人妄改。

《三国·魏志·文帝纪》："黄初元年,京都有事于太庙。"或称京都,或曰京邑。

《晋书·刑法志》,"令景"即"令丙",避唐讳。

《南齐书·王俭传》："天应民顺。"民顺宋本作民从,盖避梁武帝父顺之讳。

《南史·到㧑传》："随王子隆带彭城郡,㧑问讯,不修部下敬,为有司举免官。"按《三国·蜀志》八，秦宓与太守夏侯纂书称："民请为明府陈其本纪。"晋人法帖多有自称民者，《南齐书·扰传》本称民敬，《南史》避唐讳，故改称部下。《刘凝之传》："临川王义庆、衡阳王义季，镇江陵，并遣使存问。凝之答书曰顿首，称仆，不为百姓礼，人或讥焉。"《宋书·凝之传》本作民礼，亦是避讳改民为百姓。

《隋书·卢恺传》"于是除名为百姓"，亦避唐讳改。《隋书》成于贞观之世，其时二名不偏讳，而此传及《酷吏·田式传》，并云"除名为百姓"。

隋《赵芬残碑》，《文馆词林》卷四五二全录其文。以《词林》与碑互校，多有异同。碑"十一世祖融，字稚长"，《词林》作"十一某祖融"，无"字稚长"三字。碑"公炳灵特挺"，炳，《词林》作资。碑"治夏官司马"，治，《词林》作领。或改或省，皆避唐讳。

隋开皇十三年《东阿王庙碑》，"黄中"作"黄内"，避隋讳。

《旧唐书·肃宗纪》："上元二年，上不康。"本云不豫，避代宗讳，改豫为康。《礼仪志》"上元年圣躬不康"，《文宗纪》"圣体不康""上不康"，皆豫字改。

《旧唐书·源乾曜传》："恐代官之咸列。"代官谓世官，避讳改。

《通鉴》唐大中二年六月："王皞曰：'宪宗厌代之夕，事出暧昧。'"厌代，本用《庄子》厌世语，唐人避讳改，《通鉴》因之。

《老学庵笔记》五："田登作郡，自讳其名，举州皆谓灯为火。上元放灯，许人入州治游观，吏遂书榜曰：'本州依例放火三日。'"今谚"只许州官放火，不许百姓点灯"，即源于此。

第十三　避讳改诸名号例

《通鉴》唐景云元年十二月："上以二女西城、隆昌公主为女冠。"隆昌，《新唐书·诸公主传》作崇昌，史家避明皇讳追改。

唐显庆二年，河南偃师县《三藏圣教序碑》，末云"奉敕弘福寺为招提寺"，盖避太子名改。

《新唐书》七十《宗室世系表》："代祖玄皇帝讳昞。"代祖即世祖，避太宗讳。唐之代宗即世宗，宋之真宗即玄宗，皆避讳改。明有代宗，又有世宗，其意义与唐殊。

《宋史》一〇二《礼志》："加上五岳帝后号，中曰正明。"正明本是贞明，史家避仁宗嫌名改。石刻《中岳中天崇圣帝碑》，本作贞明，可据。

《宋史》一〇三《礼志》："秦将王翦镇山伯。"镇山当是恒山，避讳改。

《宋史·方技传》："贺兰栖真始居嵩山紫虚观。景德二年，真宗作二韵诗赐之，号宗玄大师。"今石刻作宗真，则后来避始祖玄朗讳追改。

朱子《四书集注》，引白水刘勉之致中说，称为刘聘君。乃和案：见《论语·雍也篇》宰我问仁章。聘君即徵君，避仁宗嫌名改称。

第十四　避讳改物名例

《左传》桓六年，申繻对问名，有"名不以畜牲，不以器币"之条，曰:"以畜牲则废祀,以器币则废礼。"

《史记·封禅书》:"野鸡夜雊。"注:"雉也。吕后名雉,改雉为野鸡。"

《邺中记》:"邺中为石虎讳,呼白虎幡为天鹿幡。"

《颜氏家训》八《勉学篇》:"蔡朗父讳纯,遂呼莼为露葵。"

《隋书·刘臻传》:"臻性好啖蚬,以音同父讳,呼为扁螺。"

《旧唐书·哀帝纪》:"帝讳柷。天祐元年九月,中书奏太常寺止鼓两字乐器,敔上字犯御名,请改为肇,从之。"

《野客丛书》九:"钱王讳镠,以石榴为金樱。杨行密据扬州,扬人呼蜜为蜂糖。"

《本草纲目》廿七,薯蓣因唐代宗名豫,避讳改为薯药,又因宋英宗讳曙,改为山药。

有避讳改物名致二物混为一物者,《四库全书·礼记义疏考证》,棋榛注:"罗氏:枳椇子一名木密。"说本《古今注》"枳椇子一名树蜜",而木密则生南方,别是一种。罗愿宋人,避英宗嫌讳,改树为木,遂与木密相混。

亦有避物名而改名者,《汉书·平帝纪》:"元始二年诏曰:皇帝二名,通于器物,今更名,合于古制,使太师光奉太牢告祠高庙。"注:"孟康曰:平帝本名箕子,更名曰衎。箕用器也,故云通于器物。"

又《三国·魏志》:"甘露五年五月,北迎常道乡公璜嗣明帝后。六月太后诏曰:古者人君之为名字,难犯而易讳,今常道乡公讳字甚难避,其朝臣博议改易列奏。"遂改名奂。此皆避物名而改名者。

第十五　文人避家讳例

司马迁父名谈，《史记·赵世家》改张孟谈为张孟同，《佞幸传》改赵谈为赵同。范晔父名泰，《后汉书》改郭泰为郭太，郑泰为郑太。

淮南王安父名长，故《淮南子·齐俗训》用《老子》"长短相形，高下相倾"语，为"高下相倾，短修相形"。

《新唐书·肃宗纪》："上元元年，山南东道将张维瑾反。"颜真卿书元结墓碑作张瑾，避父讳维贞，省维字也。

《新唐书·司马承祯传》："承祯谥贞一。"颜真卿书《李玄靖先生碑》作正一。玄靖先生父孝威，私谥贞隐，见张从申所书碑，颜书亦改作正隐。皆避其家讳，不得执碑以疑史。

《宋史·韩维传》，字持国，而司马光《传家集》称其字曰秉国。光父名池，与持同音，故易之，不得据集以疑史。

《齐东野语》四："王羲之父讳正，故每书正月为初月，或作一月，余则以政字代之。王舒除会稽内史，以祖讳会，以会稽为郐稽。李翱祖父名楚今，故为文皆以今为兹。杜甫父名闲，故杜诗无闲字。曾鲁公父名会，避之者以勘会为勘当。蔡京父名准，改平准务为平货务。"眉山苏氏讳序，苏洵文改序为引，苏轼为人作序，改用叙字。

沈括《梦溪笔谈》二十五，述王贶使契丹事，称混同江为混融江，括世父名同故也。

然《史记·李斯传》"与宦者韩谈"、《滑稽传》"谈言微中"、《司马相如传》"因斯以谈",不避谈字。

王念孙《读书杂志·荀子·天论》"三者错"条及下一条,两引《荀子》原文,皆作"三者错,无安邦"。王氏父名安国,因家讳而改古书也。

第十六　外戚讳例

蔡邕《独断》上云:"禁中者,门户有禁,非侍御不得入,故曰禁中。孝元皇后父大司马阳平侯名禁,当时避之,故曰省中,今宜改,后遂无复言之者。"

《晋书·虞预传》:"本名茂,犯明穆皇后母讳,故改焉。"

《新唐书·地理志》:山南道夔州,本名信州,武德二年改,盖避唐高祖外祖独孤信名也。又垂拱初,避武氏祖讳,改华州曰大州,华阴县曰仙掌,华原县曰永安,华容县曰容城,江华县曰云汉,华亭县曰亭川。

《旧唐书·崔玄暐传》:"本名晔,以字下体有则天祖讳,乃改为玄暐。"《韦思谦传》:"本名仁约,字思谦,以音类则天父讳,故称字焉。"则天父名士彠也。《魏元忠传》:"本名真宰,以避则天母号改焉。"又《外戚传》:"窦怀贞少有名誉,韦庶人干政,怀贞委曲取容,改名从一,以避后父讳,自是名称日损。"后父,韦玄贞也。

《宋史·石元孙传》:"始名庆孙,避章献太后祖讳易之。"《李继隆传》:"继隆子昭庆,改名昭亮。"盖章献明肃刘皇后祖名延庆也。

而徽宗时有保安军人刘延庆，为镇海军节度使，死于靖康之难。又后父名通，天圣初改通进司为承进司，诸州通判为同判，通事舍人为宣事舍人。又改淮南之通州为崇州，蜀之通州为达州，通利军曰安利，通化县曰金川。

《宋史·滕元发传》："初名甫，字元发，以避高鲁王讳，改字为名，而字达道。"《邓润甫传》："字温伯，尝避高鲁王讳，以字为名，别字圣求，后皆复之。"高鲁王，英宗高后父遵甫也。《哲宗纪》："元丰八年三月，令中外避太皇太后父遵甫名。绍圣元年二月，又诏依章献明肃皇后故事，罢避高遵惠讳。"惠为甫之讹，遵惠，遵甫弟，见《外戚传》，遵甫《宋史》无传。《避讳录》四，以滕元发、邓润甫之改名为避元懿太子甫名者，误也。

第十七　宋、辽、金、夏互避讳例

《宋史·夏国传》："李彝兴本名彝殷，避宋宣祖讳，改殷为兴。"又："李克睿初名光睿，避宋太宗讳，改光为克。"

又李元昊以父名德明，改宋明道年号为显道。范仲淹与元昊书，亦称后唐明宗为显宗。

《续通鉴长编》一四二：宋庆历三年八月，西头供奉官阁门祗候丁亿，贺辽国主生辰；阁门通事舍人李惟贤，贺辽国母正旦。诏惟贤权更名宝臣，亿为意，以避北讳。

《宋史·地理志》：绍兴十二年，避金太祖讳，改岷州为西和州。二十八年，避金太子光瑛名，改光州为蒋州，光山县曰期思。

《金史·章宗纪》:"明昌四年,遣完颜匡使宋,权更名弼,以避宋讳。"并见《匡传》。

第十八　宋、金避孔子讳例

《宋史》八五《地理志》:"大观四年,以瑕丘县为瑕县,龚丘县为龚县。"避孔子讳。

《至正直记》三:"丘字,圣人讳也。子孙读经史,凡云孔丘者,则读作某,以朱笔圈之;凡有丘字读若区;至如诗以为韵者,皆读作休,同义则如字。"

《金史·章宗纪》:"明昌三年,诏周公、孔子名俱令回避。""泰和五年,又诏有司,如进士名有犯孔子讳者避之,著为令。"

宋又尝避老子名字,《能改斋漫录》十三:"政和八年八月御笔,太上混元上德皇帝名耳,字伯阳,及谥聃。见今士庶,多以此为名字,甚为渎侮,自今并为禁止。"然南渡秦相子熺字伯阳,当时不以为非,则政和之禁,亦具文耳。

第十九　宋禁人名寓意僭窃例

《容斋续笔》四:"政和中,禁中外不许以龙、天、君、玉、帝、上、圣、皇等为名字。于是毛友龙但名友;叶天将但名将;乐天作但名作;句龙如渊但名句如渊;卫上达赐名仲达;葛君仲改为师仲;方天任为大任；方天若为元若；余圣求为应求；周纲字君举，改曰元举；程振字伯玉，改曰伯起；程瑀亦字伯玉，改曰伯禹；张读字圣行，改曰彦行。"

《能改斋漫录》十三："政和八年七月，迪功郎饶州浮梁县丞陆元佐上书：'窃见吏部左选，有徐大明者为曹官，有陈丕显者为教官。大明者文王之德，丕显者文王之谟，又况大明者有犯神明馆御殿，臣故曰有取王者之实，以寓其名。窃见饶州乐平县有名孙权者，浮梁县有名刘项者，臣故曰有取霸者之迹，以寓其名。昔皇祐中，御笔赐蔡襄字曰君谟，后唱进士第日，有窃以为名者，仁宗怒曰："近臣之字，卿何得而名之！"遂令改。恭睹政和二年春，赐贡士第，当时有吴定辟、魏元勋等十余人名意僭窃，陛下或降或革。'奉御笔，陆元佐所言可行，下逐处并所属令改正禁止。"然大程子之殁，文彦博题其墓曰"大宋明道先生程君之墓"，《十驾斋养新录》七谓："明道，仁宗年号也，不当为人臣之私称，而潞公以题墓，伊川受而不辞，皆所未喻，后人亦无议及此者。"

第二十 清初书籍避胡虏夷狄字例

雍正十一年四月己卯谕内阁："朕览本朝人刊写书籍，凡遇胡、虏、夷、狄等字，每作空白，又或改易形声，如以夷为彝、以虏为卤之类，殊不可解。揣其意盖为本朝忌讳，避之以明其敬慎，不知此固背理犯义不敬之甚者也。嗣后临文作字及刊刻书籍，如仍蹈前辙，将此等字样空白及更换者，照大不敬律治罪。其从前书籍，若一概责令填补更换,恐卷帙繁多,或有遗漏,著一并晓谕,有情愿填补更换者,听其自为之。"

乾隆四十二年十一月丙子谕:"前日披览四库全书馆所进《宗泽集》,内将夷字改写彝字,狄字改写敌字,昨阅《杨继盛集》内改写亦然,而此两集中又有不改者,殊不可解。夷、狄二字,屡见于经书,若有心改避,转为非礼,如《论语》'夷狄之有君'、《孟子》'东夷'、'西夷',又岂能改易,亦何必改易!且宗泽所指系金人,杨继盛所指系谙达,更何所用其避讳耶!因命取原本阅之,则已改者皆系原本妄易,而不改者原本皆空格加圈。二书刻于康熙年间,其谬误本无庸追究。今办理《四库全书》,应钞之本,理应斟酌妥善。在誊录等草野无知,照本钞誊,不足深责。而空格则系分校所填,既知填从原文,何不将其原改者悉为更正!所有此二书之分校、复校及总裁官,俱即着交部分别议处。除此二书改正外,他书有似此者,并着一体查明改正。"此谕载《四库提要》卷首,可以鉴定清初版本。

第二十一　恶意避讳例

避讳有出于恶意者,唐肃宗恶安禄山,凡郡县名有安字者多易之。试以《新唐书·地理志》核之,凡至德元、二载所改郡县名,皆因其有安字也。表如下:

安定郡改保定,安化郡改顺化,安静县改保静

上至德元载改。

安邑县改虞邑,安边郡改兴唐,安康郡改汉阴,尚安县改万全咸安郡改蓬山,同安郡改盛唐,同安县改桐城,绥安县改广德唐安县改唐兴,此条据《元和志》。浔安县改浔水,宝安县改东莞遂安县改晋康,安南县改镇南,保安县改保宁,齐安县改恩平万安郡改万全,安城郡改岭方,安城县改保城,安京县改保京安昌县改义昌,安乐郡改常乐,始安郡改建陵
始安县改临桂,此条据《元和志》。兴安县改理定,安仁县改容山安义县改永业,安海县改宁海,崇安县改崇平,军安县改军宁福禄郡改唐林,安远县改柔远,安定州改宜定

上至德二载改。

沈德符《野获编》二言:"宋南渡后,人主书金字俱作今,盖与完颜世仇,不欲称其国号也。至高宗之刘贵人、宁宗之杨后,所写金字亦然,则宫阃亦改用矣。"

《野获编补遗》一又言:"明初贸易文契,如吴元年、洪武元年,俱以原字代元字,盖民间追恨元人,不欲书其国号也。"《野获编》二又言:"明世宗晚年苦虏之扰,厌见夷狄字,每写夷狄字必极小,凡诏旨及章疏皆然。"此与唐肃宗之恶安禄山、南宋人之恶金人,同一心理。

《宋史·王子融传》:"融本名皞,字子融。元昊反,请以字为名。"此则耻与同名者也。《朱谔传》:"初名绂,以同党籍人姓名,故改名。"崇宁二年十二月诏,臣僚姓名有与奸党同者,并令改名。奸党谓元祐党人也。

《文献征存录》一:"理鬯和,字寒石,西华人,本姓李,耻其姓与李自成同,曰:'吾今姓理矣。'"

《鲒埼亭集》十四《南岳和上退翁碑》:"退翁,扬之兴化县人,姓李氏。父嘉兆,甲申之变,贻书其子曰:'吾始祖咎繇为理官,子孙因氏理,其后以音同,亦氏李。今先皇帝死社稷,而贼乃李氏,吾忍与贼同姓乎!吾子孙尚复姓理氏。'先是中州李鄈和上书请改理氏,嘉兆适与之合,天下传为二理。"此则耻与同姓,亦避讳之别开生面者也。

卷三　避讳改史实

第二十二　避讳改前人姓例

避讳改姓，淆乱氏族；避讳改前人姓，则淆乱古书。《史记·仲尼弟子列传》：邽巽，《索隐》曰："《家语》作选，文翁图作国选，盖亦避汉讳改之。刘氏作邦巽，邦音圭，所见各异。"然古本必作邦字，不然，何以避讳作国；且《索隐》谓《家语》作选，而不云作邦选，则《家语》亦作邦可知。今《家语》作邦者，后人以误本《史记》改之也。

《汉书·叙传》，称庄子为严子，又称"老严之术"。师古曰："老，老子，严，庄周也。"盖避汉明帝讳。

《宋史》一〇五《礼志》："封后魏商绍为长乐子。"商绍即殷绍，避宋庙讳改。《艺文志》五行类有商绍《太史堪舆历》一卷，《旧唐志》作殷绍。目录类又有商仲茂《十三代史目》一卷，别集类有商璠《丹阳集》，商文圭《从军稿》，皆本殷姓，避宋讳追改为商。

第二十三　避讳改前人名例

避讳改前人名之例亦有三：一改其名，二称其字，三去其名一字。

《汉书·古今人表》"左公子泄",即《左传》"左公子洩",陈洩冶,表亦作泄,盖古本《左传》如此,唐石经避讳改为洩,遂相沿到今。

《汉书·蒯通传》:"本与武帝同讳。"师古曰:"本名为彻,其后史家追书为通。"

《三国·吴志·韦曜传》注:"本名昭,史为晋讳改之。"

《魏书·萧衍传》:"衍将萧昞寇淮阳。"《梁书》有吴平侯萧景,即此萧昞,唐人避讳,追改为景。

《北齐书·卢叔武传》,《北史》作叔彪。唐人讳虎,史家多称为武,亦有作彪者,此人盖名叔虎。

《周书·赵文深传》,深本作渊,避唐讳改。北周天和二年十月《华岳颂》,即赵文渊书。

《隋书·韩擒传》:"擒本名豹。"唐人讳虎,多改为武,或为兽,或为彪,此独改为豹者,欲应上文"黄斑"之谣也。

《北史·长孙幼传》:"孝文以其幼承家业,赐名幼,字承业。"本赐名稚,据《魏书》可证。史避唐讳,李稚廉改为幼廉,孔稚孙改为幼孙,谢稚改为孺子,皆以稚、治音同也。

《旧唐书·列女传》:"宋庭瑜妻魏氏,隋著作郎彦泉之后也。"彦泉当是彦渊,避唐讳追改。

《宋史·艺文志》,别集类有《恭翔集》,即敬翔也。总集类有许恭宗《文馆词林诗》,即许敬宗也。避宋讳追改。

《辽史·穆宗纪》:"讳璟。"李焘《长编》:"开宝二年,契丹主明为帐下所弑。"明即穆宗,后周避庙讳改,宋史臣因之。

《金史·刘玮传》:"唐卢龙节度使仁敬之裔。"仁敬即仁恭,史臣避金章宗父讳追改。

上避讳改前人名。

《后汉书·党锢传》:"郭林宗、贾伟节为其冠。"《何颙传》亦云:"郭林宗、贾伟节。"范晔避家讳,故郭泰不书名,并伟节亦字之。《岑晊传》:"郭林宗、朱公叔等皆为友。"亦因郭及朱也。《朱穆传》:"近则郳吉、张子孺。"子孺,张安世字,章怀所改也。世皆改代,人名不合改,故称其字。

《晋书·宣帝纪》:"青龙四年,辽东太守公孙文懿反。"公孙渊称字,避唐讳。

《晋书·载记》,刘渊称刘元海,石虎称石季龙,皆避唐讳称其字。

《魏书》,慕容皝称元真,石弘称大雅,冯弘称文通,皆避魏讳称其字。

《梁书·宗夬传》"祖景",景即炳。《南史》则称宗炳字少文,而不名。

《宋史·艺文志》,职官类有蔡元道《祖宗官制旧典》三卷,本名惇,避讳称其字。又别集类有《司空文明集》一卷,本名曙,亦避讳举其字。包幼正本名佶,避徽宗讳称字。李泰伯本名觏,避高宗讳亦称字。

《通典》一五一《兵篇》,晋镇南将军杜元凯,避豫字嫌名,故称字。

上避讳称前人字。

《续汉·天文志》:"河南尹邓万。"万下脱世字,唐人避讳去之。《后汉书·爰延传》亦作邓万。

《魏书·天象志》："齐将陈达伐我南鄙,陷澧阳。"陈达即陈显达,唐人避讳去显字。

《南史·何尚之传》："义宣司马竺超。"按南郡王义宣、张畅、畅子融等传,俱作竺超人。《宋书》作超民,《南史》避唐讳,改民为人,或去下一字。

《北史·张齑传》："本名犯庙讳。"盖本名大渊,避讳连为一字。

《新唐书·儒学传》："元行冲少孤,养于外祖司农卿韦机。"即韦弘机,避讳去上一字。

《新五代史·后赞传》,后赞,《通鉴》作后匡赞,避宋讳省上一字。《王景崇传》"永兴赵赞",亦本名匡赞,赵延寿之子也,亦避宋讳去一字。《吴越世家》"子佐立",本名弘佐,避宋讳止称下一字,弘倧、弘俶皆仿此。《南唐世家》："燕王冀为太子。"亦本名弘冀,避讳去弘字。

《宋史·艺文志》,李遵《天圣广灯录》三十卷,本李遵勖撰,避讳去勖字。

上避讳去前人名一字。

第二十四　避讳改前人谥例

《新唐书·杨纂传》："赠幽州都督,谥曰恭。"《唐会要》恭作敬。宋人避讳,往往改敬为恭。今《旧唐书·杨纂传》亦作恭,则后人据《新书》改也。

《旧唐书·柳亨传》"谥曰敬",《唐会要》同,而《新书》"谥曰恭"，亦宋人避讳追改。

《新唐书·韦虚心传》："赠扬州大都督，谥曰正。"据《唐会要》，虚心、李乂辈皆谥贞，今《新史》于李乂则谥曰贞，于虚心则谥曰正，盖避宋仁宗嫌名，改贞为正。其或改或否者，杂采他书，未及订正耳。《旧唐书·牛僧孺传》"谥文贞"，《唐会要》同，《新书》曰"谥文简"，疑亦宋人避讳追改。

《五代会要》十二："赠太子少傅朱汉宾谥正惠。"太常博士林鹓议曰："按谥法：中道不挠，保节扬名曰正。"今考新、旧《五代史》，朱汉宾实谥贞惠。而《唐会要》谥法解，则云："直道不挠，清白守节曰贞。"可知朱汉宾本谥贞惠，《五代会要》避宋讳改为正惠也。

《旧五代史·张承业传》"谥贞宪"，而《五代会要》及《新五代史》则谥正宪，亦宋人避讳改。

《新五代史·罗绍威传》"谥贞壮"，而《五代会要》则谥正懿，疑亦避讳追改。

《疑耀》三云："宋时谥文正者，惟吕蒙正、王钦若、司马光、王曾、范仲淹、郑居中、蔡卞、陈康伯八人。若李昉、王旦，《谥法通纪》亦曰谥文正者，非也。二公原谥文贞，后避讳，世遂呼为文正耳。"今考《宋史》吕蒙正、王钦若本传，则谥文穆。

第二十五　避讳改前代官名例

或改前人官名，或以后代官名加诸前人，皆非史实也。

《后汉书·刘焉传》："祭酒各领部众，众多者名曰理头。"《魏志》本作治头，章怀避唐讳改。

《北史·牛弘传》："晋秘书监荀勖。"本名中书监，避隋讳改。

《北史·李德林传》："假黄钺都督内外诸军事。"是时隋未受禅，不当避中字。下文云："授丞相府从事内郎。"皆史家追改。

《北史·程骏传》："祖父肇，吕光人部尚书。"人部本是民部，避唐讳改。

《南史·褚贲传》："左户尚书。"《南齐书》本作左民，作户者避唐讳。

《旧唐书·韦挺传》："以人部侍郎崔仁师为副使。"唐初民部为六部之一，高宗即位，始避太宗讳，改为户部。此人部亦史臣追书。《段平仲传》云："隋人部尚书段达六代孙。"隋不名人部也。

《宋史·宰辅表》一："太平兴国四年正月，石熙载自枢密直学士迁签书枢密院事。"签书本作签署。张齐贤、王沔、杨守一、张逊、冯拯、陈尧叟、韩崇训、马知节、曹玮、王德用诸人，皆除签署，或同签署，史家避英宗讳曙，追改为书。

宋天圣四年《萧山县梦笔桥记》，记文为太常寺奉礼郎、签署苏州观察判官厅公事叶清臣撰。《宋史》本传作签书，避讳追改。

宋皇祐二年《重修北岳庙记》，韩琦题衔"充定州路都部署兼安抚使"，《宋史·职官志》乃作"定州兼安抚使马步军都总管"。部署改为总管，系从后追改。

《宋史·孙洙传》："寻干当三班院。"《王师约传》："同管当三班院。"《曾孝蕴传》："管干发运司枭籴事。"以干代勾，以管代勾，皆南渡后避高宗嫌名追改。当时称管勾、勾当，不称管干、干当也。

宋政和三年《御制八行八刑条碑》称管勾，而《文献通考》五二称主管,亦后来追改。

第二十六　避讳改前代地名例

避讳改地名,系一朝掌故;避讳改前代地名,则失史实矣,因当时并无此地名也。

《汉书》廿八《地理志》:"东郡:须昌,寿张。"寿张前汉本名寿良,光武避赵王良讳,始改良为张。此云寿张,班氏追改。

《晋书》十四《地理志》:"阳平郡清泉县。"本清渊,避唐讳追改。又:"侨立河东郡,统大戚八县。"大戚即广戚,史避隋炀帝讳追改,晋时不名大戚也。

《晋书·刘敬宣传》:"军次黄兽。"《宋书》:"达遂宁郡之黄虎。"此作黄兽,避唐讳追改,当时不名黄兽也。《南史》又作黄武。

《梁书·何点传》:"隐居吴郡兽丘山。"兽丘即虎丘,史避讳改,梁时无兽丘之名也。

《隋书》廿九《地理志》:"敦煌郡常乐县。"注:"后魏置常乐郡,后周并凉兴、大至、冥安、闰泉,合为凉兴县。"大至即广至,避隋炀帝讳追改;闰泉即渊泉,避唐讳追改,周时不名大至、闰泉也。

《隋书》卅一《地理志》:"宣城郡绥安县。"注:"梁末立大梁郡,又改为陈留,平陈,郡废,省大德、故鄣、安吉、原乡,四县入焉。"按《陈书·高祖纪》:"永定二年,以广梁郡为陈留郡。"即此大梁也。又《陈详传》:"割故鄣、广德置广梁郡。"盖在梁敬帝之世,故云梁末。志改广梁为大梁,盖避隋炀帝名追改,梁时不名大梁也。大德即广德,亦避隋讳追改。

《北史·张湛传》:"敦煌深泉人也。"深泉即渊泉,避唐讳追改,唐以前不名深泉也。

《旧唐书·代宗纪》:"大历五年,贬礼部尚书裴士淹为处州刺史。"按德宗即位始避嫌名,改括州为处州,此在代宗朝,应为括州,史臣追改也。

《旧唐书》卅九《地理志》:"临清,汉清泉县。"清泉,汉本名清渊,唐人避讳追改。

《新五代史·吴越世家》:"石鉴镇将董昌。"《新唐书》四二《地理志》作石镜,此避宋讳追改。

《宋史·张鉴传》:"建议割瑞州清江。"瑞州当作筠州,南渡后避理宗嫌名,始改筠为瑞,此时无瑞州之名也。

第二十七　避讳改前代书名例

晋简文郑太后讳阿春,故《晋书·后妃传》数引《春秋》,均改为《阳秋》。孙盛、檀道鸾等著书,亦名《阳秋》。

隋牛弘《请开献书之路表》,引荀勖《中经簿》,改为《内经》;曹宪注《广雅》,改为《博雅》,均避隋讳。唐人注《史》《汉》,引《世本》改为《系本》,避唐讳。

《隋书·经籍志》,《白虎通》六卷,《礼仪志》引作《白武通》。《经籍志》亦本作武,后来校书者改。

又《诗神泉》一卷,后汉赵晔撰。本名神渊,唐人避讳改。

又《宋征士宗景集》十六卷，宗景即宗炳，避讳改为景。

《旧唐书·经籍志》，《帝王代记》十卷，皇甫谧撰。代本世字，避讳改。郭颁《魏晋代语》、何集《续帝王代记》、《虞茂代集》、《郑代翼集》，皆以代为世。

又《四人月令》一卷，崔寔撰，此与贾思勰《齐人要术》，皆避讳，改民为人。《新书》则贾思勰书称齐民，李淳风续书称齐人。

又《江智泉集》十卷，本名智渊；《丘泉之集》六卷，本名渊之，避讳改。

《宋史·艺文志》小学类，辽僧行均《龙龛手鉴》四卷，本名《龙龛手镜》，宋人避庙讳嫌字，改镜为鉴。

又兵书类，陶弘景《真人水照》十三卷，《唐志》本作水镜，亦宋人避讳追改。

邵瑞彭曰：《北山录注解随函》卷上，引牟子《理惑论》作《治惑论》，可知理字是唐人避讳改，原书当作治惑也。《崇文总目》，李文博撰《理道集》十卷，《隋书·李文博传》本作治道，《宋志》亦作治道。

第二十八　避讳改前朝年号例

《旧唐书·经籍志》编年类，有《崇安记》二卷，周祇撰，又十卷，王韶之撰。崇安本隆安，晋安帝年号也，避唐玄宗讳，改隆为崇。

《新唐书·艺文志》起居注类，有《晋崇宁起居注》十卷，《旧志》亦作崇宁，晋时无此年号。钱竹汀先生谓："崇宁当为崇安，即隆安也。唐人避玄宗讳，往往改隆为崇。唐肃宗时恶安禄山，又或改安为宁。以《晋史》考之，隆安纪元，正在太元之后，元兴之前，此卷又有《晋崇安元兴大亨副诏》八卷，足明崇宁当为崇安矣。上文有《晋隆和兴宁起居注》五卷，仍书隆字，则史驳文也。"乃和案：此条见《廿二史考异·唐书》五。

《旧唐书》三十《音乐志》："明庆中，皇后亲蚕。"明庆即显庆，唐人避中宗讳，易显为明。《旧史》俱改从本号，惟此志及《职官》《刑法志》，三见明庆字。《柳奭传》亦有"明庆三年"之文。

《旧唐书·太宗诸子·曹王明传》："永崇中，坐与庶人贤通谋，降封零陵王。"永崇即永隆，史臣避玄宗讳追改。

《新唐书·兵志》："玄宗以万骑平韦氏，改为左右龙武军，皆用唐元功臣子弟。"唐元即唐隆，温王年号也，史避玄宗讳改。《崔日用传》云："唐元之际，日用实赞大谋。"亦唐隆改。

宋人书贞观年号为真观或为正观，书贞元为正元，避仁宗嫌名改。

辽天庆二年《释迦定光二佛的身舍利塔记》，叙重熙十五年铸铁塔事，以重熙为重和。《老学庵笔记》一云："政和末议改元，王黼拟用重和，既下诏矣，范致虚间白上曰：'此契丹号也。'故未几复改宣和。然契丹年名，实曰重熙，后避天祚嫌名，追谓重熙曰重和。"乃知改熙为和，实以避讳故。

亦有改前朝年号以故犯其讳者，元泰定五年《赠宁海州知州王庆墓表》文云："父生于扩庆庚申，妣生于扩庆丙辰。"丙辰，宋庆元二年；庚申，庆元六年。元时江浙行省有庆元路，未尝更名，何独于宋之年号而更之？此盖直斥宋宁宗名，而配以年号上一字也。

卷四　因避讳而生之讹异

第二十九　因避讳改字而致误例

《后汉书·刘表传》："初表之结袁绍也，侍中从事邓义谏不听，义以疾退，终表世不仕，操以为侍中。"侍中从事，当作治中从事，章怀避唐讳，改治为持，校书者不达其旨，适其下有侍中之文，遂妄易持为侍。

《通鉴·晋哀帝纪》，兴宁元年，司马纶謇注："纶姓也。《姓谱》曰：《魏志》孙文端臣纶直。"《魏志》无纶直事，纶直事见《晋书·宣帝纪》："辽东太守公孙文懿反，将军纶直等苦谏，文懿皆杀之。"文懿即公孙渊，唐人避讳称其字，后人遂误懿为端，又将公孙复姓讹为单姓。

《南史·隐逸传》："陶潜字渊明，或云字深明，名元亮。"上渊字亦当为深，后人回改。《宋书》云："陶潜字渊明，或云渊明字元亮。"甚显白。《南史》原文必与《宋书》同，但避讳改渊为深耳。后人校《南史》者不察，遂传写颠倒如此。

《宋史·艺文志》易类，史文徽《易口诀义》六卷。《崇文总目》云"河南史证撰"，晁公武云"唐史证撰"，陈振孙云"避讳作证字"。

则此志"徽"字当为"徵"之讹，徵为宋仁宗嫌名，因避讳改字而致误。

《崇文总目》总集类，有《正元制敕书奏》一卷，本作贞元，避宋仁宗嫌名作正，《通志·艺文略》乃误作王元。

第三十　因避讳缺笔而致误例

《诗·小雅》："无将大车，祇自尘兮；无思百忧，祇自疧兮。"疧本作痻，与尘为韵。唐人避讳，缺笔为氏，遂误为疧。《小雅·白华篇》："有扁斯石，履之卑兮；之子之远，俾我疧兮。"此疧字正从氏，与卑为韵。痻字缺笔，则与疧字混。

《续汉·郡国志》，敦煌郡有拼泉。拼泉即渊泉，因避唐讳渊字，缺笔作渊，遂讹为拼。

《旧唐书·穆宗纪》："元和十五年，恒王房子孙改为泯王房。"恒王当是恒山愍王，泯王即愍王之讹，因避讳，民旁改氏而误泯。

《新唐书·后妃·则天皇后传》："前锋左豹韬果毅成三朗，为唐之奇所杀。"三朗幽州人，赠左监门将军，谥曰勇。《旧史》入《忠义传》，作成三郎。盖宋人避讳缺笔，书朗为朗，遂讹为郎。

两《唐书·姚班传》称：班曾祖察，撰《汉书训纂》，班乃撰《汉书绍训》四十卷，以发明旧义。《汉书绍训》，《旧唐志》不载，《新唐志》作姚珽撰。珽或作庭，宋初避讳缺末笔作班，后遂讹为班。据《旧书·姚思廉传》："思廉子处平，处平子璹、珽，别有传。"班传即珽传也。

第三十一　因避讳改字而原义不明例

《说文》："昏，日冥也，从日氐省，氐者下也，一曰民声。"竹汀先生曰："氐与民，音义俱别，依许例，当重出昬，云或作昬，民声。今附于昏下，疑非许氏本文。戴侗《六书故》云：'唐本《说文》从民省，徐本从氐省。晁说之曰：因唐讳民，改为氐也。'然则《说文》元是昬字，从日民声，唐本以避讳减一笔，故云从民省。徐氏误认为氐省，氐下之训，亦徐所附益，又不敢辄增昬字，仍附民声于下，其非许元文，信矣。汉隶字原，昏皆从民，婚亦从昬。民者冥也，与日冥之训相协。谓从氐省者，浅人穿凿傅会之说耳。"乃和案：钱说见《十驾斋养新余录》上。唐人作《五经文字》，其愍字下注云：缘庙讳偏旁准式省从氐，凡泯、昏之类皆从氐。然段玉裁《说文》昏字注，则反对是说。

《梁书·沈约传》："贵则景魏萧曹。"景魏谓丙吉、魏相也。《许懋传》："汤不应传外景至纣三十七世。"外景即外丙，思廉避唐讳，改外景。今本有回改为丙者，而景魏仍为景魏也。

《隋书·高祖纪》："方置文深之柱，非止尉佗之拜。"此用马援铜柱事。援字文渊，避讳改为深。

《魏书·地形志》，平阳郡禽昌县注："世祖禽赫连昌置。"《旧唐书》三十九《地理志》："襄陵，后魏擒盛县。"改昌为盛，史避后唐庄宗祖父国昌讳，而擒昌之意义不明矣。

《南史·刘秀之传》："时定人杀长吏科。"《宋书》人作民。民杀长吏谓部民杀官长也。《南史》避民字改为人,时议者谓"民杀长吏,会赦,宜以徙论"。秀之以为"民敬官长,比之父母,若遇赦而徙,便与悠悠杀人,曾无一异,宜长付尚方,穷其天命"。人、民义异,而文相混,义遂不明。

唐文明元年《乾陵述圣纪》,有云:"喋喋齐萌。"齐萌者,齐民也。喋即喋字,改世为云,避太宗讳。今《礼记·曲礼篇》"葱渫处末",渫当作渫;《玉藻篇》"为已俟卑",俟当作偞。唐人刻石经,避讳改易本文,后来刊板者不能订正,遂相沿至今。

第三十二　因避讳空字注家误作他人例

《南齐书·柳世隆传》"辅国将军骁骑将军萧讳",汲古阁本注鸾字。今以《宋书·沈攸之传》考之,乃梁武帝父萧顺之,非齐明帝萧鸾也。

《北史·周本纪》:"魏永熙三年十一月,遣仪同李讳与李弼、赵贵等,讨曹泥于灵州。讳引河水灌之。""大统四年,开府李讳、念贤等为后军。""及李讳等至长安。"《李弼传》:"陇西郡开国公李讳。"《王盟传》:"赵青雀之乱,盟与开府李讳辅太子出镇渭北。"皆谓李虎也。《本纪》:"天和六年,以大将军李讳为柱国。"此谓李昞也。校书须检元文,《周书》汲古阁本。于李讳字皆改为虎,并天和六年李讳亦改为虎。《新唐书》称:"周闵帝受禅,虎已卒,乃追封唐国公。"安得至天和时犹在!且虎在西魏时,已为八柱国之一,岂待周天和中始授柱国乎!

第三十三　因避讳空字后人连写遂脱一字例

《南》《北史》于官名治书侍御史及治中从事，多脱去治字，今本有治字者，皆后人增入也。《四库全书·通志》考证，于梁《吴平侯景传》及梁《伏曼容传》，均云："治书侍御史，刊本沿唐讳，删治字，今据《梁书》增。"疑当时实系空而不书，后人连写，遂脱一字耳。

后晋天福八年《义成军节度使匡翰碑》，匡翰，建瑭之长子也，碑于建字下，空文以避石敬瑭讳，此其例也。

《容斋三笔》卷十："鄂州兴唐寺钟题志云：唐天祐二年铸，勒官阶、姓名者两人，一曰金紫光禄大、检校尚书左仆射，兼御史大，陈知新；一曰银青光禄大、检校尚书右仆射，兼御史大，杨琮。大字之下，皆当有夫字，而悉削去。杨行密父名怤，怤与夫同音。是时行密据淮南，故将佐为之讳。"于夫字皆空而不书。其后建国曰吴，乃改大夫为大卿。因此疑避讳去人名一字者，亦多元本空字，特后人连写耳。

第三十四　讳字旁注本字因而连入正文例

《史记·郦生传》："王者以民人为天，而民人以食为天。"《索隐》引《管子》云："王者以民为天，民以食为天。"今本正文，皆作民人，盖唐人避太宗讳，民作人，后人于人旁注民，其后遂将民人二字连写，致衍人字。

《隋书·高祖纪》："开皇元年三月，和州刺史新义县公韩擒虎。"本文不当有虎字，盖后人于擒下注虎字，校刊时遂并虎字增入。汲古阁本无虎字，是也。又《北史》，韩擒虎亦但称韩擒。《南史·鲁广达》《任忠》《樊猛传》，称隋将韩擒者，延寿本文也。而《陈本纪》及《太子深》《孔范》《王颁传》，作韩擒虎，皆后人旁注，因而连入。今本《鲁广达传》亦或有加虎字者，皆缘校书之人，不知当时史臣避讳，以意改易，又不能尽改也。

《通典·食货篇》："荆河豫州，厥土惟壤。"豫，唐代宗讳。代宗时改豫州为蔡州。杜佑于古豫州不得改为蔡州，又不得直称为豫州，于是用《禹贡》"荆河惟豫州"一语，称古豫州为荆河州，后人于荆河旁注豫字，钞书者遂并荆河豫三字连写，成此衍文。

晋孙盛著《晋阳秋》，《文选·求为诸孙置守冢人表》，李善注两引孙盛书，均作《晋阳春秋》。盖因阳字旁注春字，后遂连入正文。

又《新唐书·艺文志》，有晋邓粲撰《晋阳秋》三十二卷，《旧唐志》及《宋志》均作《晋阳春秋》。

第三十五　因避讳一人二史异名例

《汉书·儒林传》，《春秋公羊》有严彭祖、颜安乐二家，《公羊疏》引《六艺论》云："眭孟弟子庄彭祖及颜安乐。"彭祖本庄氏，史避讳追改。

《三国·蜀志·刘二牧传》："并州杀刺史张益。"《后汉书·灵帝纪》及《刘焉传》均作张懿，史避晋讳，改懿为益。

《隋书·贺若弼传》:"陈将鲁达、周智安、任蛮奴。"《陈书》作鲁广达,《隋书》避讳去一字;蛮奴本名忠,亦避隋讳称其小字。

《通鉴》唐武德二年:"窦建德执逆党宇文智及孟景。"上年宇文化及谋逆,有鹰扬将孟秉同谋。景即秉,因避昞嫌名改。《通鉴》杂采诸书,故或景或秉。《隋书》亦作孟秉。

《新唐书·王敬武传》:"遣部将卢弘攻之。"《新五代史·刘鄩传》作卢洪,宋人避讳改。

《新五代史·周本纪》:"诏镇宁军节度李弘义。"《宋史》作洪义,云:"本名洪威,避周祖名改。"据此则本名弘威,改弘义,入宋又改名洪义也。因此知李业本弘义之弟,亦当名弘业,史家避讳,省一字耳。

又《罗绍威传》:"逐杀其帅乐彦贞。"新、旧《唐书》皆作彦祯,而此作贞者,宋人避仁宗讳改。

又《楚世家》:"与行军司马何景真等。"《通鉴》作敬真,史避宋讳改。

又《楚世家》:"拓跋常为仆射。"《通鉴》作拓跋恒,史作常,避真宗讳。

《辽史·太宗纪》,天显十二年三月,晋天雄军节度使范延广,即《新五代史》之范延光,辽避讳改。

《辽史·历象志》:"司天监马绩奏上乙未元历。"《新五代史》作马重绩,盖避晋出帝讳重贵,去一字。

《金史》六十《交聘表》,天德二年三月,宋参知政事余唐弼,《宋史》及《系年录》俱作余尧弼,盖金史臣避世宗父讳宗尧追改。

宋使辽诸臣,据《续通鉴长编》所载人名,每与《辽史》不同,其因避辽讳改者如下:

（一）天圣四年，辽太平六年，七月，贺国后生辰，龙图阁待制韩亿，以名犯北朝讳，权改名意。然《辽史》乃作韩翼，盖辽太祖阿保机汉名亿也。

（二）天圣八年，辽太平十年，八月，贺国后正旦，开封府判官侍御史张亿，《辽史》亦作张易。

（三）天圣九年，辽太平十一年，十月，贺国主正旦，西染院副使王克忠，《辽史》作克善，盖避辽圣宗宗真嫌名也。

（四）明道元年，辽重熙元年，贺国母生辰，内殿承制阁门祗候王德基，《辽史》作德本；贺国主生辰，客省副使王克基，《辽史》作克纂，盖辽道宗名洪基也。

《南史》与《宋》《齐书》，《北史》与《魏》《齐》《周书》，亦多同人异名，皆因讳改。不明乎此，则欲检对二史难矣。略表其卷数如下：

褚叔度《宋书》五十二	褚裕之《南史》二十八
谢景仁《宋书》五十二	谢　裕《南史》十九
张茂度《宋书》五十三	张　裕《南史》三十一
庾炳之《宋书》五十三	庾仲文《南史》三十五
王敬弘《宋书》六十六	王裕之《南史》二十四
王景文《宋书》八十五	王　彧《南史》二十三
宗　炳《宋书》九十三	宗少文《南史》七十五
褚　渊《南齐书》二十三	褚彦回《南史》二十八
薛　渊《南齐书》三十	薛　深《南史》四十
孔稚珪《南齐书》四十八	孔　珪《南史》四十九
贾　渊《南齐书》五十二	贾希镜《南史》七十二
邓　渊《魏书》二十四	邓彦海《北史》二十一

长孙稚《魏书》二十五	长孙幼《北史》二十二
刘昞《魏书》五十二	刘延明《北史》三十四
李叔虎《魏书》七十二	李叔彪《北史》四十五
侯渊《魏书》八十	侯深《北史》四十九
张渊《魏书》九十一	张深《北史》八十九
李稚廉《北齐书》四十三	李幼廉《北史》三十三
张雕《北齐书》四十四	张雕武《北史》八十一
郑孝穆《周书》三十五	郑道邕《北史》三十五
郭儁《隋书》七十二	郭世儁《北史》八十五
王充《隋书》八十五	王世充《北史》七十九

裕、或者宋讳，故《宋书》避之。邕者周讳，故《周书》避之。虎、炳、渊、世、稚者唐讳，故唐史臣避之。因所避不同，而二史称名遂异。

第三十六　因避讳一人一史前后异名例

《汉书·艺文志》，儒家有《庄助》四篇，纵横家有《庄安》一篇，赋有《庄夕奇赋》十一篇、《严助赋》三十五篇。师古曰："上言庄夕奇，下言严助，史驳文。"盖庄为汉讳，故列传改作严助、严安、严夕奇。志之或庄或严，则录自《七略》，避改有未尽，或后人回改也。

《后汉书·和帝纪》："永元九年，越骑校尉赵世。"《西羌传》作赵代，《赵憙传》亦作赵代，盖章怀避唐讳改。纪作世，则唐以后人回改也。

《后汉书·献帝纪》："兴平二年，杀光禄勋邓泉。"《五行志》作邓渊,此作泉,章怀改。

《梁书》,刘霁、刘杳、刘歊,昆弟三人,霁在《孝行传》,杳在《文学传》,歊在《处士传》。霁、歊传云:"祖乘民,宋冀州刺史。"杳传云:"祖乘人,宋冀州刺史。"或民或人,避唐讳改。

《南史·文学传》:"贾希镜祖弼之,父匪。"《王僧孺传》:"贾弼子匪之,匪之子长水校尉深。"希镜即深字。本名渊,史家避讳,或举其字,或易为深。

《新唐书·许景先传》:"景先曾祖绪。"《裴寂传》附许世绪事,作世绪。此避太宗讳,去世字。

《新五代史·韩逊传》:"天成四年李宾作乱。"《康福传》作李从宾,盖避后唐讳,犹杜重威避晋讳称杜威也。《通鉴》则作李匡宾。

《金史·宗道传》:"承安二年为贺宋正旦使。"《交聘表》作崇道,盖避金世宗父睿宗讳,改宗为崇也。

第三十七　因避讳一人数名例

《晋书·罗尚传》:"乃使兵曹从事任锐伪降。"《李特载记》作任明,《华阳国志》八作任睿。睿为本名,晋人避元帝讳易之。锐取同音,明取同义也。

《梁书·邓元起传》:"萧藻将至。"上云萧深藻,此云萧藻。本名渊藻,以避讳,或改为深,或省一字。

《北齐书·后主纪》:"武平四年,杀侍中张雕虎。"《儒林传》作张雕,《北史·儒林传》作张雕武,汲古阁本虎作唐,尤误。盖本名雕虎，避唐讳，或改或省也。

《隋书·经籍志》："《史记音义》十二卷，宋中散大夫徐野民撰。"野民即徐广，避隋讳称其字，后又避唐讳，称为徐野人。

《新唐书·姚崇传》："崇字元之，始名元崇，以与突厥叱刺同名，改以字行，后避开元尊号，更今名。"是姚崇始名元崇，后名元之，最后名崇，皆有所避也。

《宋史·刘廷让传》："刘廷让字光义。"《太祖纪》："乾德二年十一月，江宁军当作宁江军。节度使刘光义，出归州道以伐蜀。"光义，即廷让也。《长编》亦作光义。《新五代史·后蜀世家》作刘光义。光义，廷让名，后避太宗讳，改以字行。《曹彬》《曹翰》《刘福传》，又作光毅，皆避讳改。

唐李匡乂撰《资暇集》三卷，旧本或题李济翁撰，盖宋刻避太祖讳书其字。或作李乂，亦避讳省一字。《文献通考》一入杂家，引《书录解题》作李匡文；一入小说家，引《读书志》作李匡乂。《陆游集》有此书跋，亦作李匡文。《野客丛书》作李正文。然《读书志》实作匡乂。《新唐书·艺文志》有李匡文《两汉至唐年纪》一卷，注曰："昭宗时宗正少卿。"盖即匡乂，因避讳一人数名也。

第三十八　因避讳二人误为一人或一人误为二人例

《新唐书·昭宗纪》："天复二年九月，武定军节度使拓跋思恭叛，附于王建。"《新五代史·前蜀世家》作思敬。思敬为夏州节度思恭、保大节度思孝之弟。思孝致仕，以思敬为保大留后，遂升节度，又徙武定军。《新唐书·党项传》："思恭为定难节度使，卒，弟思谏代为节度。思孝为保大节度，以老，荐弟思敬为保大留后，俄为节度。"思恭为兄，思敬为弟，本是两人，宋人避讳，改敬为恭，遂与思恭二名相溷。并《新五代史·李仁福传》夏州破黄巢之思恭，后人亦误为思敬矣。其实镇保大、镇武定者乃思敬，而夏州破黄巢者自为思恭也。

南宋有两曾宏父。朱氏《曝书亭集》四三所引绍兴十三年知台州事者，乃曾纡之子，避光宗讳惇，《四库提要》误宁宗。以字称宏父者也。与石刻铺叙之曾宏父，字幼卿，非一人。《南宋杂事诗》径题此书为曾惇撰，则又承朱之误者也。竹汀先生曰：朱氏考稽，号称精审，犹有此失，校书之难如此。

杨树达曰："柳宗元有弟名宗玄，见柳著《至小丘西小石潭记》。若如清讳，玄改为元，则二人同名矣。"今考《全唐文》乃作宗圆，粤雅堂本《韩柳年谱》则作宗糸。盖一则以玄不可作元，而改为圆；一则因玄写作亇，而刻本又误为糸也。

《柳河东集》九《陆文通墓表》注："陆淳字元冲，避唐宪宗讳，赐名质。"今《通志·艺文略》于淳著《集传春秋微旨》《集传春秋辨疑》，题陆淳撰；于淳著《集传春秋纂例》，则题陆质撰，一若淳与质为二人者，应著明之。

《宋史·侍其曙传》："祥符二年，黎州夷人为乱，诏曙乘驿往招抚，其酋纳款杀牲为誓。曙按行盐井，夷人复叛。曙率部兵百余，生擒首领三人，斩首数十级。"《蛮夷传》："大中祥符元年，泸州言江安县夷人为乱，诏遣阁门祗候侍其旭乘传招抚。旭至，蛮人首罪，杀牲为誓。未几复叛，旭因追斩数十人，擒其首领三人。"此明一人一事,其易曙为旭,避英宗讳也。黎、泸异州,音近讹也。

《南史·范云传》:"南乡舞阴人,晋平北将军汪六世孙也。"《范泰传》:"泰,顺阳人。"泰为汪之孙,云为六世孙,而籍贯互异者,南乡即顺阳,梁代避讳改也。以《南史》之例言之,云亦当类叙于《泰传》之后,而今不然者,盖不知南乡本顺阳,故一族误为二族也。

第三十九　因避讳一地误为二地或二地误为一地例

《金史》廿四《地理志》,蓟州县五,注:"旧又有永济县,大定二十七年,以永济务置,未详何年废。"据元至元七年孙庆瑜撰《丰闰县记》云:"金大定间改永济务为县,大安初避东海郡侯讳,更名曰丰闰。"史不知丰闰即永济之改名,而分而为二,乃以丰闰为泰和间置,又谓永济已废,而未得其年,皆误之甚也。

《元史·刘秉忠传》:"其先瑞州人。"此辽金之瑞州,非宋之瑞州也。秉忠自曾祖以来,皆家邢州,足迹未抵江南。而江西之瑞州,本名筠州,宋末避理宗嫌名,始改筠为瑞,已在金南渡之后矣。雍正《江西通志》七一乃收秉忠入人物,何耶!

第四十　因避讳一书误为二书例

《宋史·艺文志》,经解类有颜师古《刊谬正俗》八卷,儒家类又有颜师古《纠谬正俗》八卷。此书本名《匡谬正俗》，宋人避讳，或改为刊，或改为纠，其实一书也。

又农家类前有刘安靖《时镜新书》五卷，后又有刘靖《时鉴杂书》一卷。注云："杂一作新。"当亦宋人避讳，改镜为鉴，实一书也。

别集类前有《廖光图诗集》二卷，后又有《廖正图诗》一卷。本名匡图，宋人避讳，或改为光，或改为正，其实一书也。

别集类有商璠《丹阳集》一卷，而总集类又有殷璠《丹阳集》一卷。宋人避讳，改殷为商，实一书也。

地理类前有达奚弘《通西南海蕃行记》一卷，后又有达奚洪一作通。《海外三十六国记》一卷。疑即一书，一作洪者，避讳改也。

又地理类前有曹璠《国照》十卷，后又有曹璠《须知国镜》二卷。宋人避讳，往往改镜为照，疑亦一书也。

《崇文总目》，道书类有吴筠撰《真纲论》一卷，其后又有《元纲论》一卷。《东观余论》校正《崇文总目》云："此前已有所谓《真纲论》即此，盖避圣祖名也。"圣祖，即宋所谓始祖玄朗。一改玄为真，一改玄为元，其实一书也。

第四十一　避讳改前代官名而遗却本名例

《通典》廿四《职官篇》："大唐永徽初，以国讳改持书侍御史为御史中丞。"按隋以前皆曰治书侍御史。汉《孔彪碑》、晋《郭休碑》、苻秦《重修魏邓太尉祠碑》，皆有治书侍御史，其见诸史传者尤众。

今因叙述改治书侍御史为御史中丞之故,乃先避讳写为持书,果为持书,又何所谓国讳!《金石萃编》四七《马周碑跋》,不考前史,仅据《通考》沿袭《通典》之文,谓魏晋以下,皆作持书,竟不知有治书之名,其去史实远矣。

《宋史》一六七《职官志》:"太原府、延安府、庆州、渭州、熙州、秦州,则兼经略安抚使马步军都总管。"按《嘉泰会稽志》三云:"国初节度使,领马步军都部署。英宗即位,避御名,改称都总管。其后守臣兼一路安抚使者,皆带马步军都总管。"以此推之,河东陕西诸路经略安抚使,皆置于仁宗朝,当为都部署。史称都总管者,据后来改名也。然其中实脱漏原名都部署一节。至史与碑刻,时有不同,傥无碑刻,则竟不知原名为都部署矣。

第四十二　避讳改前代地名而遗却本名例

《元和郡县志》卅二:"金水县,本汉广汉郡之新都县地。东晋义熙末,立金泉戍。后魏平蜀,置金泉县,隶金泉郡。隋开皇三年罢郡,以县属益州。武德元年,以避神尧讳,改为金水县,属简州。"按本由金渊县改为金水县,若本为金泉县,则何必改。今欲叙述改金渊为金水之由,乃先将渊字改为泉字,遂遗却本名矣。

《新五代史·职方考》:"惠,南汉。"按南汉析循州置祯州。宋天禧五年,避仁宗讳,始改祯州为惠州。今《新五代史》著惠不著祯,失纪实之体矣。惠为宋名,南汉时有祯无惠,今因避宋讳故,以宋时州名名南汉州,中间脱去南汉祯州历史五十余年,考地理沿革者,于何征之!且有惠无循,亦为脱漏。又潮州之程乡县,南汉尝立为敬州,此考亦应列入,乃并失之,皆因避讳故耳。

《宋史·地理志》六:"梅州,本潮州程乡县,南汉置恭州,开宝四年改。"据《九域志》九:"梅州伪汉敬州。"宋初削平群雄,州县皆仍故名,此敬州亦以犯讳改,若本恭州,则无庸改矣。史志作恭,乃当时史臣回避,后竟失于改正。王象之《舆地纪胜》一〇二云:"伪汉刘氏割潮州之程乡县置敬州,皇朝以敬州犯翼祖讳,改名梅州。"此为得之。

又《宋史·地理志》一:"滑州,太平兴国初,改武成军节度。"按本由义成军节度,避太宗讳改为武成。今志不书义成军,是直由滑州改也。此亦因避讳而脱漏义成一段历史。

又《宋史·地理志》二:"中山府,太平兴国初,改定武军节度。"按本由义武军节度,避太宗讳改为定武。今志不书本义武军,似直由中山府改也,亦脱漏。

又《宋史·地理志》三:"陕州大都督府,太平兴国初,改保平军。"按本由保义军节度,避太宗讳,改为保平。今志不书本保义军,似直由陕州大都督府改也,亦脱漏。

《册府元龟·帝王部·名讳门》:"唐穆宗讳同于真宗。初名宥,元和七年,立为皇太子,始更之。十五年即位,改尝岳为镇岳,尝州为镇州,定州尝阳县为曲阳县,尝王房子孙为泒王房。"按《册府》成于宋人,同于真宗者,讳恒也。因是之故,恒岳、恒州、恒阳、恒王房,恒字均写为常。《册府》刻于明末,避明光宗讳常洛,又改常为尝。此本欲叙述唐人避讳改地名,乃先避宋讳,又避明讳,而后避唐讳。甚矣古书之难读也!

卷五 避讳学应注意之事项

第四十三 避嫌名例

《曲礼》："礼不讳嫌名。"郑注："嫌名，谓音声相近，若禹与雨，丘与区也。"陆氏《释文》十一谓："汉和帝名肇，不改京兆郡；魏武帝名操，陈思王诗云'修阪造云日'，是不讳嫌名。"

嫌名之讳，起于汉以后。《三国·吴志》二："赤乌五年，立子和为太子，改禾兴为嘉兴。"此讳嫌名之始也。然《吴志》三："永安五年，立子𩅦为太子。"裴注引《吴录》载休诏："为四男作名字，𩅦音湾，𩨳音觥，壾音莽，宼音褒。"则吴时仍不讳嫌名。果讳嫌名，则𩅦、𩨳、壾、宼之字虽易避，而湾、觥、莽、褒之音仍难避也。今既制新字，以为易避，则其不讳嫌名可知。

然讳嫌名之俗，实起于三国。《晋书·羊祜传》："祜卒，荆州人为祜讳名，屋室皆以门为称，改户曹为辞曹。"嫌名之讳，遂浸成风俗。其后晋简文帝名昱，改育阳县为云阳。桓温父名彝，改平夷郡曰平蛮，夫夷县曰扶县，夷道县曰西道。后魏道武帝名珪，改上邽县曰上封。皆避嫌名实例也。

至北齐《颜氏家训·风操篇》有曰："凡文与正讳相犯，当自可避,其有同音异字,不可悉然。吕尚之儿,如不为上,赵壹之子,傥不作一,便是下笔即妨,是书皆触。"

据此则当时嫌名之讳,渐趋繁数,故隋文帝父名忠,兼避中;唐高祖父名昞,兼避丙。韩愈《讳辨》,专辨嫌名,而谓:"今上章及诏,不闻讳浒、势、秉、饥。"不知《南史·沈约传》,称约先世浒为仲高,即讳虎之嫌名浒。贞观廿三年,改兴势县为兴道,即讳世之嫌名势。《南史》十三《刘秉传》,称彦节而不名,即讳昞之嫌名秉。德宗《九日赐曲江宴》诗"时此万枢暇",即讳基之嫌名机也。然因愈之言,足证唐时嫌名之讳,尚未垂为定制。至宋始颁布所谓文书令,应避嫌名,有一帝至五十字者,其繁极矣。此等文书令,见当时《礼部韵略》卷首。

或谓秦始皇名政,兼避正字,故《史记·秦楚之际月表》,称正月为端月,此避嫌名之始也。不知政与正本通,始皇以正月生,故名政。《集解》引徐广曰:"一作正。"宋忠云:"以正月旦生,故名正。"避正非避嫌名也。

《史记·天官书》:"气来卑而循车通。"《集解》曰:"车通,车辙也。避汉武帝讳,故曰通。"亦非也。汉不避嫌名,车通,《汉书·天文志》作车道,《集解》不得其解,故以讳解之耳。

《史记·荀卿传》,《索隐》曰:"后亦谓之孙卿子者,避汉宣帝讳也。"《汉书·艺文志·孙卿子》注,《后汉书·荀淑传》注皆谓"荀卿避宣帝讳,故曰孙",亦非也,此唐人说耳。《荀子·议兵篇》,自称孙卿子。《后汉书·周燮传》序有:"太原闵仲叔同郡荀恁,字君大,资财千万。"《刘平传》作郇恁。西汉末人,何尝避荀!荀之称孙,犹荆卿之称庆卿,音同语易耳。

《后汉书·陈纪传》："不复办严。"或以此为避庄嫌名,故称办装曰办严。不知装、妆古通作庄,故《续汉·祭祀志》称妆具曰严具,《魏志·田畴传》称治装曰治严,非避嫌名也。嫌名之讳,实起于汉以后。

第四十四　二名偏讳例

《曲礼》:"二名不偏讳。"郑注:"偏,谓二名不一一讳也。孔子之母名徵在,言在不称徵,言徵不称在。"

《日知录》廿三谓:"宋武公名司空,改司空为司城。"是二名不偏讳之证。

自王莽禁二字为名后,单名成俗者二三百年。其时帝王既无二名,自无所谓偏讳。宋齐而后,二名渐众。南齐太祖名萧道成,《南齐书·薛渊传》云:"本名道渊,避太祖偏讳改。"是二名偏讳,南齐已然。

《旧唐书·太宗纪》:"武德九年六月令曰:依礼,二名不偏讳。近代以来,两字兼避,废阙已多,率意而行,有违经典。其官号、人名及公私文籍,有世、民两字不连续者,并不须讳。"据此,则唐以前两字兼避,已成风俗,至太宗时始禁之。然禁者自禁,唐时二名仍偏讳。《日知录》廿三谓:"高宗永徽初,已改民部为户部,李世勣已去世字单称勣。阎若璩谓太原晋祠有唐太宗御制碑,碑阴载当时从行诸臣姓名,内有李勣,已去世字。是唐太宗时已如此,不待永徽初也。"

《册府元龟·帝王部·名讳门》,载后唐明宗初名嗣源。天成元年六月,亦曾敕:"文书内二字不连称,不得回避。"然此制并不通行,宋金以来,二名无不偏讳者。

第四十五　已祧不讳例

祧者,远祖之庙,迁主之所藏也。《王制》:天子七庙,三昭三穆,与太祖庙而七。除太祖为不祧之祖外,大抵七世以内则讳之,七世以上则亲尽,迁其主于祧,而致新主于庙,其已祧者则不讳也。

《册府元龟·掌礼部·奏议门》:"唐宪宗元和元年,礼仪使奏,谨按《礼记》云:舍故而讳新。此谓已迁之庙,则不讳也。今顺宗神主升祔礼毕,高宗、中宗神主上迁,依礼不讳。制可。"

韩愈《辨讳》,本为嫌名立论,而其中治天下之治,却犯正讳。盖其时高宗已祧,故其潮州上表曰"朝廷治平",曰"为治日久",曰"政治少息",曰"治未太平",曰"巍巍之治功"。举张惟素曰:"文学治行,众所推与。"《平淮西碑》曰:"遂开明堂,坐以治之。"《韩弘神道碑铭》曰:"无有外事,朝廷之治。"所谓已祧不讳也。

《册府元龟·帝王部·名讳门》:"唐敬宗宝历元年正月,太常寺礼院上言:玄宗庙讳,准故事祧迁后不当更讳。制可之。"

《十七史商榷》八四,《旧书》避唐讳条:"刘昫以唐为本朝,故避其讳。而亦有不讳者,此乃后人所改。如《林士弘传》持书侍御史,持本治也,而《封伦传》仍有治书侍御史。《唐临》《刘文静传》右骁卫大将军刘弘基,原本无基字;而《长孙顺德传》刘弘基,原本仍有基字,弘基本传及《长孙无忌传》同。至《马燧》《浑瑊传》赞云'再隆基构,克殄昏氛',连用隆、基二字,不可解。"盖未注意元和、宝历故事,高宗、玄宗,主已祧迁,则不讳也。

《宋史》一〇八《礼志》:"绍兴三十二年正月,礼部太常寺言:钦宗祔庙,翼祖当迁,以后翼祖皇帝讳,依礼不讳。诏恭依。"翼祖讳敬,南宋孝宗以后,敬字可不讳。然其实不尽然者,则习惯已成,不易改革也。

第四十六　已废不讳例

凡太子外戚之讳,皆不久即复。其不复者,特沿而不改,非久为之讳也。

颜真卿书《东方画赞碑》,民字缺末笔,弘字不缺,《金石萃编》以为异。考《新唐书》四七《百官志》:"弘文馆,神龙初避太子追谥孝敬皇帝讳,改昭文,二年改修文,开元七年,复为弘文。"是孝敬之讳,避于神龙,废于开元。此碑以天宝十三载立,孝敬之讳,不避固已久矣,所谓已废不讳也。

司马贞《史记索隐》前后序,不著年月,新、旧《唐书》亦无传。竹汀先生据《索隐》序题衔"国子博士、弘文馆学士",谓贞除学士,当在开元七年修文馆复称弘文馆以后。则利用已废之讳,而知其年代者也。

《宋史》九十《地理志》:"静江府义宁,本义宁镇,马氏奏置,开宝五年废,六年复置。"冯集梧曰:"宋避太宗名,当时地名有义字者,多所更革。而此县仍为义宁,当亦如婺州义乌、武义之县,镇戎军张义之堡,避之容有未尽尔。"竹汀先生曰:"张义堡熙宁五年所置,其时固不避义字;婺州在吴越管内,当太平兴国元年,吴越犹未纳土,故不在改避之数也。"乃和案:此条见钱著《诸史拾遗》四。《大金集礼》二十三引宋国史:"太宗本名光义。太平兴国二年春二月诏曰:制名之训,典经攸载,矧乃膺期篡极,长世御邦,思稽古以酌中,贵难知而易避。朕改名炅,除已改州县职官人名外,旧名二字不须回避。"凡此皆一朝之讳,短时即废。

宋天圣元年,王渎题名,在虎邱剑池石壁,文云:"大宋天圣元年癸亥,九月十□日,太常丞同判福州王渎。"同判者,通判也。天圣初,章献刘太后临朝,避其父讳,凡官名地名通字皆易之,后崩即复旧。

第四十七　翌代仍讳例

一朝之讳,有翌代仍讳者,不能据此定其年代。《日知录》廿三前代讳条:"孟蜀所刻石经,于唐高祖、太宗讳皆缺书。石晋《相里金神道碑》民、珉二字,皆缺末笔。南汉刘岩尊其父谦为代祖圣武皇帝,犹以代字易世。至宋益远矣,而乾德三年卜谞《伏羲女娲庙碑》民、珉二字,咸平六年孙冲序《绛守居园池记碑》民、珉二字,皆缺末笔。其于旧君之礼,何其厚与!"

《日知录》廿三又云:"杨阜,魏明帝时人也,其疏引《书》协和万国,犹避汉高祖讳。韦昭,吴后主时人也,其解《国语》,凡庄字皆作严,犹避汉明帝讳。唐长孙无忌等撰《隋书》,易《忠节传》以诚节,称苻坚为苻永固,亦避隋文帝及其考讳。自古相传,忠厚之道如此。"

今考蜀石经《毛诗》残本,《行露》序注,世作廿,后凡世仿此。

《摽有梅》笺"所以蕃育人民也",民作𠊆,后凡民仿此。"江有沱"笺"岷山导江",岷作㟭。"维丝伊缗",缗作䋘。"其心塞渊",渊作淵。"土国城漕"笺"或修治漕城",不避治字。"不我活兮"笺"军事棄其伍约",棄作弃,后凡棄仿此。"泄泄其羽",作洩洩。"匏有苦葉",葉作𦯧,后凡葉仿此。以上皆仍开成石经元文,未及改正,不足为忠厚之证。善乎魏王肃之言曰:"汉元后父名禁,改禁中为省中,至今遂以省中为称,非能为元后讳,徒以名遂行故也。"语见《通典》一〇四《礼篇》。今俗书玄、弘、宁、贮等字,犹多缺笔,岂为清讳,因仍习惯,视为固然,忘其起于避讳矣。

五代丘光庭撰《兼明书》,书中世字皆作代,沿袭旧制,与孟蜀石经同。

第四十八　数朝同讳例

有一字而数朝同讳者。汉文帝名恒,唐穆宗、宋真宗亦名恒。汉灵帝名宏,后魏孝文帝亦名宏。汉殇帝名隆,唐玄宗名隆基。后魏献文帝名弘,唐高宗太子亦名弘,宋太祖之父名弘殷,清高宗名弘历。晋讳炎,唐武宗后名炎。石赵讳虎,唐亦讳虎。北齐讳泰,北周亦讳泰。隋讳祯,宋亦讳祯。隋讳忠,唐永徽初太子亦名忠。石晋讳敬,宋亦讳敬。宋讳玄,清亦讳玄。因是之故,古书传写,或改或阙,极不易读。一弘字也,常与宏混;一玄字也,常与元混。不知谁当为弘,谁当为宏;谁为宋讳,谁为清讳矣。又如弘农、恒农,恒山、常山,时废时置,备极纠纷。今试以此为例,根据史实,为简表如下：

一	恒山	汉高帝置
二	常山	避汉文帝讳改
三	恒山	后周置恒州，隋大业初复置恒山郡
四	恒州	隋义宁初又置恒州
五	常山	唐天宝元年改为常山郡
六	恒州	唐乾元元年复为恒州
七	镇州	唐元和十五年避穆宗讳，改为镇州
八	真定	宋庆历八年置真定府，此节非关避讳
九	正定	清雍正初兼避真字，改为正定
一	弘农	汉武帝元鼎四年置
二	恒农	后魏献文时避讳改
三	弘农	隋末复置
四	恒农	唐神龙初避太子弘讳改
五	弘农	唐开元十六年复
六	恒农	宋建隆初避太祖父讳弘殷改
七	虢略	宋至道三年避真宗讳改

自此恒农、弘农之名皆废，宋人称古弘农、恒农曰常农。

第四十九　旧讳新讳例

《日知录》廿三云："唐文宗开成中刻石经，凡高祖、太宗及肃、代、德、顺、宪、穆、敬七宗讳，并缺点画。高、中、睿、玄四宗，已祧则不缺。文宗见为天子,依古卒哭乃讳,故御名亦不缺。"竹汀先生曰:"唐人避上讳,如章怀太子注《后汉书》,改治为理,正在高宗御极之日,初无卒哭乃讳之例也。文宗本名涵,即位后改名昂,故石经不避涵字。亭林失记文宗改名一节,乃有卒哭而讳之说,贻误后学,不可不正。"乃和案:此条钱说见《日知录》黄氏笺释引。

《避讳录》三云:"文宗名昂,开成石经《左传》文公、宣公卷内昂字不缺笔,以生则不讳也。"生不讳说,本《日知录》;《左传》文公、宣公卷内昂字不讳说,本《金石萃编》,皆误。竹汀先生曰:"九经无昂字,设有之,亦必缺笔。亭林偶未检《唐史》本纪,以意揣度,遂有此失。"此条钱说见《潜研堂文集》三十《跋金石文字记》。

《十七史商榷》八七云:"裴炎请还政豫王旦,为御史崔察诬奏死。新、旧《书》同,其事甚明。孙樵《可之文集》第五卷云:'崔察贼杀中书令裴者《商榷》者误老。何,诡谀梯乱,肇杀机也。'裴字下注云:'名犯武宗庙讳。'案武宗讳瀍,孙氏云云未详,其书法之妄不必论。"今考新、旧《唐书·武宗纪》,开卷即云"帝讳炎",西庄偶未检两书本纪,徒记武宗旧讳,忘其曾改名炎,遂反讥孙氏。

《册府元龟·帝王部·名讳门》:"武宗讳炎,初名瀍。会昌六年三月制曰:'王者焘临万寓,名岂尚于难知;敬顺五行,理宜避于胜伏。昔炎汉之兴,雒傍去水,所都名号,犹乃避之。况我国家祚昌土德,所以宪宗继明之初,贵以舍水。宪宗初名淳,改名纯。朕远追大汉之事,近禀圣祖之谋,爰择嘉名,式遵令典,宜改名为炎。其旧名中外奏章,不得更有回避。'"孙氏云云,盖谓炎,非谓瀍也。

《十驾斋养新录》十九云:"予向见宋椠本,有避亶字,注'从㐭从旦'于下,未审其故。顷见岳倦翁《愧郯录》,有一条云:'绍兴文书令,庙讳、旧讳正字皆避之。故哲宗、孝宗之旧讳,单字者三,哲宗初名佣。孝宗旧名瑗,又名玮。皆著令改避。唯钦宗旧讳二字,一则从亠从回从旦,一则从火从亘,今皆用之不疑。'乃知亶字回避,由于钦宗旧讳。但倦翁著此书在嘉定甲寅,其时尚未避亶、烜二字也。"此事并见《宋史》一〇八《礼志》。唐人不避旧讳,宋人则有避有不避,不能执此以为断定时代之据。

第五十　前史避讳之文后史沿袭未改例

《通典》志州郡,避唐讳,改豫州为荆河州。马氏《舆地考》承杜《典》旧文,而改荆河为豫,得其当矣。乃于古扬州篇云"分置南兖州、南荆河州";又于寿州下云"荆河州刺史祖约",云"齐因之,兼置荆河州",云"梁置南荆河州",云"寻改为南荆河州"。此数处犹沿杜氏本文,一时失于检照故耳。

又《通典》廿四《职官篇》:"御史中丞,旧持书侍御史也。初汉宣帝元凤中,感路温舒尚德缓刑之言,季秋后请谳,时帝幸宣室,斋居而决事,令侍御史二人持书。持书御史,起于此也。""魏置持书执法,掌奏劾,而持书侍御史掌律令。""晋太始四年,又置黄沙狱持书侍御史一人,后并江南,遂省黄沙持书侍御史。及太康中,又省持书侍御史二员。宋齐以来,此官不重。自郎官转持书者,谓之南奔。隋又为持书侍御史。大唐永徽初,高宗即位,以国讳故,改持书侍御史为御史中丞。"《通考》五三《职官考》全袭其词,不知持应作治。《续汉·百官志》《宋书·百官志》《晋书·职官志》,皆作治书。汉宣斋居决事云云,三书所引皆同,然并无元凤字。因元凤系汉昭年号,非汉宣年号,杜氏误添,马氏亦沿袭不改。《金石萃编》四七《马周碑跋》,又沿《通考》之误,且谓:"魏晋以下,皆作持书,别无治书之名。即高宗避讳,亦避嫌名,改持书为中丞,非改治为持。"诚可异也。

《晋书·成恭杜皇后传》:"后母裴氏,王夷甫外孙。"本避晋成帝讳衍,于王夷甫字而不名。此史家旧文,唐史臣乃因而不改。

《南齐书·王融传》:"字元长。"而《梁书》柳恽、徐勉二传,于王融皆字而不名。盖当时避齐和帝宝融讳,唐史臣未及更易也。

《通鉴》晋义熙四年:"秃发傉檀以世子武台为太子。"注:"武台本名虎台,唐人修《晋书》,避讳改虎为武,《通鉴》因之。"今考《通鉴》第百十六卷,称虎台者十二;第百十九卷,称虎台者五,俱不作武字。盖杂采他书,未能一一改正也。

又梁天监元年:"左户侍郎刘霁。"左户当作左民,亦唐人避讳追改,《通鉴》未及厘正。

又梁天监九年:"法曹参军萧轨,兼左右户都。"户亦当作民。天监十八年:"魏左民郎中张始均。"此则当时本称也。

第五十一　避讳不尽或后人回改例

六朝以前,避讳之例尚疏,故马、班之于汉讳,陈寿之于晋讳,有避有不避。然其间亦有后人回改者。《史记·周本纪》"邦内甸服,邦外侯服",《封禅书》"五岳皆在天子之邦",犯高帝讳。《殷本纪》"盈钜桥之粟",《乐书》"盈而不持则倾",犯惠帝讳。《封禅书》"北岳恒山也",《田齐世家》"以为非恒人",犯文帝讳。《夏本纪》及《殷本纪》《孝文本纪》《燕世家》等,皆有启字,犯景帝讳。此非避讳未尽,即后人以意改易者也。

《汉书·高后纪》恒山王三见,《外戚传》恒山王二见,《周勃传》恒山王一见,《郊祀志》恒山字四见,《五行志》恒雨、恒旸、恒奥、恒寒、恒风等字屡见,犯文帝讳。《韦贤传》"实绝我邦",犯高帝讳。《刑法志》"杀人盈城",犯惠帝讳。《文帝纪》"夏启以光",《武帝纪》"见夏后启母石",《古今人表》有漆雕启,犯景帝讳。《景帝纪》"省彻侯之国",《贾谊传》"列为彻侯而居",《百官公卿表》彻侯字两见,犯武帝讳。《楚元王传》"歆以建平元年改名秀",犯光武讳。《高帝纪》有庄贾、项庄,《地理志》"庄公破西戎",《艺文志》有庄子、庄夫子、庄助、庄安、庄忽奇,《郑当时传》庄字三见,《南粤传》庄字一见,《西南夷传》庄字三见,《叙传》庄字一见,犯明帝讳。非后人改易,即元文避讳有未尽。

《三国·魏志·明帝纪》:"帝曰:'司马懿临危制变。'"陈寿书称司马懿,多云宣王,惟此称名,盖述帝语不得云宣王也。《蜀后主传》"魏司马懿、张郃救祁山",《李严传》"平说司马懿等",《吴主权传》"闻司马懿南向",皆后人追改。又《后妃传》"不本淑懿",《高堂隆传》"留其淑懿",《吴主王夫人传》"追尊大懿皇后",《步夫人传》"有淑懿之德",以至太师、军师、昭烈、昭献、昭文、昭德、昭告、段昭、董昭、胡昭、公孙昭、张昭、周昭之类,不胜枚举。《蜀后主传》:"景耀六年,改元炎兴。"炎字亦未回避,惟诸臣传但称景耀六年,不书炎兴之号。魏《三少帝纪》,书中抚军司马炎者二,书中垒将军司马炎、抚军大将军新昌乡侯炎、晋太子炎者各一。可见晋时避讳之例尚疏，其孰为后人所改，不可辨矣。

《南齐书·武帝纪》，永明十一年："孝子顺孙。"梁武帝父名顺之，故子显修史，多易顺为从，如《天文志》"五星从伏""太白从行""荧惑从行""岁星太白俱从行""辰星从行"之类。宋顺帝亦作从帝，今汲古阁本，惟《祥瑞志》《豫章王嶷》《王琨传》各两见，《刘休传》一见，余篇多作顺帝，盖后人所改。监本于此数处，亦改为顺字矣。《百官志》汉顺帝，宋本亦作从。《州郡志》从阳郡、从阳县，汲古阁本改为顺阳，唯监本尚是从字。而《张敬儿》《陈显达传》中，仍为顺阳，《陈显达传》："南乡县故顺阳郡治也。"宋本作从阳。今《武帝纪》及《明帝纪》俱有顺孙字，元本必作从孙，后来校书者以意改易耳。

《旧唐书·昭宗纪》："景福二年三月，王镕感匡威援助之惠，乃筑第于恒州，迎匡威处之。"按穆宗以后，恒州已改名镇州。此卷前后俱称镇州，独是年再见恒州字，可为避讳未尽之证。

第五十二　避讳经后人回改未尽例

《后汉书·光武纪》"民无所措手足"，《章帝纪》及《梁统传》仍作"人无所措手足"。《张纯》《荀爽传》"安上治民"，《郎𫖮传》仍作"安上理人"。《逸民传》章怀改为逸人，今虽回改，而《法雄传》仍作逸人。皆回改未尽者也。《明帝纪》注引孔子曰："仲叔圉治宾客，祝佗主宗庙，王孙贾主军旅。"《论语》三治字，章怀皆改为主。今上治字,盖后人回改,下两主字,则回改未尽者。

《晋书·陆机传·辨亡论》,三称张昭,皆作张公,盖机避晋讳。今《文选》其二改为张昭,其一仍作张公,亦后人回改未尽者。

《隋书·高祖纪》,"汉太尉震八代孙""风骨不似代间人""代称纯孝""不代之业""精采不代""弘道于代""祖考之代"以上卷一。"代俗之徒""德为代范""与代推移""干戈之代""行歌避代",以上卷二。皆避世作代。而卷中"风流映世""貌异世人""世子世孙""世禄无穷",以及韦世康、王世积、虞世基等,皆仍作世。

又"生人之命将殂""人黎慕义""托于兆人之上""事上帝而理兆人"以上卷一。"毒被生人""启人可汗""利益兆人""安上治人""抚临生人""不得劳人""人间疾苦""人庶殷繁",以上卷二。皆避民作人。而卷中"民间情伪"之民字则回改为民,"民部尚书"之民字亦屡见。

又卷一之虎牢作武牢,虎贲作武贲,卷二之虎符作兽符,而卷中韩擒虎之名屡见。

《北史·穆颉传》:"颉从太武田崞山,有虎突出,颉搏而获之。帝叹曰:'诗云有力如武,颉乃过之。'"《魏书》廿七《颉传》作"有力如虎"。《北史》避唐讳,两虎字皆改为武。后人校者,乃将前武字回改为虎,而后武字仍之,以致一行之中,虎、武并见。

《南史·宋少帝纪》:"景平元年闰四月,魏军克虎牢。"《宋文帝纪》:"元嘉七年十一月,魏克武牢。"

《梁敬帝纪》:"太平元年十一月,起云龙神武门。"《陈宣帝纪》:"太建七年六月,改作云龙神虎门。"《傅亮传》:"见客神兽门。"

《齐高帝纪》:"索白虎幡。"《王昙首传》作白兽幡。

《沈攸之传》:"建安王休仁屯虎槛。"《邓琬传》作武槛。

《刘怀珍传》:"虎贲中郎将。"《阮佃夫传》作武贲中郎将。

凡此皆经后人回改而未尽者。

又《王莹传》:"时有猛兽入郭,上意不悦,以问群臣,莹曰:'陛下膺箓御图,虎象来格。'帝大悦。"一行之中,虎、兽并见。

第五十三　南北朝父子不嫌同名例

晋王羲之子知名者五人:曰玄之、凝之、徽之、操之、献之。徽之子桢之,献之嗣子静之。祖孙父子,皆以之为名,不以为嫌也。

宋王弘子僧达,孙僧亮、僧衍,从子僧谦、僧绰、僧虔,从孙僧祐。叔侄皆以僧为名,不以为嫌也。试表二家行辈如下:

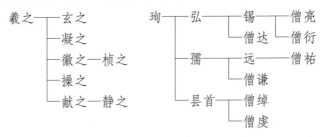

此南北朝风也,或者不察,则以为异矣。《避讳录》二曰:"《魏书》称前秦苻宏为永道。宏为坚长子,坚字永固,其子不应又字永道,疑《魏书》永字误。"不知此当时风尚也。前燕慕容皝字元真,其子恪又字元恭;南齐萧道成字绍伯,其父承之字嗣伯,父子字同一字,不以为嫌也。且萧道成父名承之,而其第六子鄩又封安成王,父子祖孙不避嫌名也。不知此例,则易起纠纷矣。校《南史》者以僧达、僧衍同排,遂妄改达为衍弟。武英殿本《王弘传》考证,又误以僧亮与僧达同为弘子。《史姓韵编》于王操之、献之,亦误以为桢之弟。石印小字本《韵编》,更误以操之为桢之子,愈理愈棼矣。

《廿二史考异》廿八,谓魏宗室多同名,列举同名者凡五十九人。有同父而同名者,景穆子,阳平、济阴二王,俱名新成,至称济阴为小新成以别之。《魏书·安同传》:"同父名屈,同长子亦名屈。"此北俗也。然后魏献文帝名弘,其子孝文帝名宏;宋明帝名彧,其子废帝名昱,父子不避嫌名,而同在西纪四六五年至四七六年之间,固无分南北也。

卷六　不讲避讳学之贻误

第五十四　不知为避讳而致疑例

《新唐书·宰相世系表》："温氏，大雅字彦弘，彦博字大临，彦将字大有。"欧阳《集古录》七疑其事，谓："兄弟义当一体，而名大者字彦，名彦者字大，不应如此。"洪氏《容斋四笔》十一始考正之，谓大雅昆弟，皆以彦为名。大雅名犯高宗太子讳，故后人改称其字耳。

宋《永兴军文宣王庙大门记》，有"因开元之旧封，增玄圣之新号"语。《金石萃编》一二七谓："大中祥符元年，封禅回跸，幸阙里，加封玄圣。至五年十二月，改谥至圣，《宋史·礼志》，谓以国讳改谥。按宋代历世无讳玄者，或因是时加号北岳为安王玄圣而改之"云。不知宋人以玄朗二字为其始祖名，大中祥符五年闰十月，诏内外文字不得斥犯，事详《续通鉴长编》七九。《金石萃编》未之注意，故谓宋代历世无讳玄。

《新唐书纠谬》，有数条实因避讳，而吴缜以为谬者：

卷四《杜求仁传》舛误条，谓："《杜求仁传》云，求仁与徐敬业举兵，为兴复府左长史。据《徐敬业传》，求仁为匡复府右长史，与《求仁传》不同。"不知二传一称匡复，一称兴复，史臣避讳改耳。《新书》于宋讳，或避或不避，初未画一。

卷六程昌裔名不同条，谓："《杨贵妃传》作程昌裔，《公主传》作程昌胤。"不知此史臣避讳，改胤为裔，《公主传》偶未及改耳。

卷十一常山及薛谭字误条，谓："《公主传》明皇帝女常山公主下嫁薛谭，《薛稷传》作恒山公主嫁薛谈。"不知恒避穆宗讳改为常，谈避武宗讳改为谭耳。

卷十二《独孤怀恩》《唐俭》《刘世让传》事状丛复条，谓："刘世让，《独孤传》作刘让；《独孤传》唐俭为内史侍郎，俭本传作中书侍郎。"不知世字避唐讳省；中书避隋讳改内史，唐武德初复改中书。两传前后不同，系据其所历，当时史实如此，非误也。

卷十九覃王字可疑条，谓："古之封一字王，彭王之类是也。而其内有封覃王者，不知此国名耶，州名耶，或潭之误耶？若是州名，亦莫知其何在。"不知顺宗子经封郯王，会昌后避武宗讳，改郯作覃，有何可疑！

卷二十岑文本等传不经字一条，谓《岑文本》《路隋》《杨炎传》愍字为不经。不知愍避唐太宗讳，阙民字末笔，非误也。

伦明曰：张廷骧《不远复斋见闻杂志》云："国初，山海卫人穆维乾，字介公，由教授升翰林院典簿。时修《四书满汉讲义》，至'羔裘玄冠不以吊'，掌院叶方霭以犯御讳商于同僚，乾谓：'大字当仍原字以尊经，小注改元字以避讳。'掌院询何所本，曰：'《中庸》慎独乃原字，小注改谨字。'掌院大悟曰：'余自幼疑此，今始知朱子为避讳也。'"

第五十五　不知为避讳而致误例

《后汉书·儒林传》："孔僖因读吴王夫差时事，废书叹曰：'若是所谓画龙不成，反为狗者。'"刘攽注曰："按古语皆云画虎不成，此误。"《野客丛书》三十谓："此非误，盖章怀太子避唐讳所改尔。正如令狐德棻《后周书》引韦祐语，古人称'不入兽穴，焉得兽子'同意，亦避虎字，非误也。"

《三国·吴志·孙权传》："建安十三年，分歙为始新、新定、犁阳、休阳县。"注："《吴录》曰：晋改休阳为海宁。"按《太平寰宇记》一〇四引《邑图》云："吴避孙休名，改休阳为海阳。晋平吴，改为海宁。"《吴录》不知休阳之改，为吴避讳也。

《金石屑》有郭麐撰《王夫人墓志铭跋》，称："碑无纪元可考，字画古茂恬厚，有西晋风。碑云：长子珣，即《桓温传》中所称短主簿。"《潜研堂金石文跋尾》十云："其文有云'西北七里武邱山'，晋人不当预避唐讳。然验其字迹，似非宋以后所为，当是唐人志石。"

《北史·崔仲方传》："谨案晋太康元年，岁在庚子，晋武帝平吴，至今开皇六年，岁次庚午，合三百七载。"庚午当作景午，开皇六年，岁在丙午，唐人避讳称景午也。自庚子至丙午，恰三百有七年。《隋书》本作景午。下又云："陈氏草窃，起于庚子，至今庚午。"按陈霸先以丙子岁自为丞相，录尚书事，明年受禅。此庚子、庚午，亦景子、景午之讹。校书者不知景即丙字，为避唐讳，疑庚与景声相近，遂妄改之。

第五十六　不知为避讳而妄改前代官名例

《史记·吴王濞传》："岁时存问茂材。"案汉初本称秀才，东京避光武讳，乃称茂材。《史记·贾生传》："闻其秀才。"《儒林传》序有："秀才异等，辄以名闻。"此当时本称也。此传茂才字，盖后人依班史妄改。

《后汉书·蔡邕传》："补侍御史，又转侍书御史。"侍书当作持书。范书本是治书，章怀改治为持，校书者不达其旨，妄易为侍。汲古阁本尚作持书。《四库全书·通典·职官篇》考证，乃谓："持为讹，据《后汉书》改为侍。"

《隋书·韦师传》："于时晋王为雍州牧，盛存望第，以司空杨雄、尚书左仆射高颎，并为州都督，引师为主簿。"州都下督字衍。魏晋以后，诸州皆置大中正，以甄流别品。隋时避讳，改为州都，而去中正之名，详《通典》卅二《职官篇》。校书者不达州都为何语，妄加督字。《隋书》既然，《北史》亦尔，所谓以不狂为狂也。

唐景云二年《司空苏瓌碑》，《文苑英华》八八三曾载其文，以石本校之，颇多异同。如云："大父，隋职方郎中。"石刻无中字。隋文帝父讳忠，诸曹郎皆去中字，不当称郎中，此石刻之可信者。《文苑英华》妄增中字，非史实。

又《隋书·百官志》："上中州，减上州吏属十二人。"王懋竑《读书记疑》十云："隋文帝父名忠，并中字亦讳之。中书省改为内史省，殿中改为殿内，中舍人、中常侍、中谒者，俱改为内，皆显然可考者。而上中州、中上州、中中州、中下州之类，仍作中。此必非当时本文，或史官以其不辞而改之也。"

第五十七　不知为避讳而妄改前代地名例

《后汉书·张奂传》："敦煌酒泉人也。"注："酒泉县名，地多泉水。今永州晋昌县东北。"考《新唐书·地理志》晋昌县属瓜州，永字误。按酒泉，郡名非县名，当作渊泉。胡三省注《通鉴》云："奂，敦煌渊泉人。"乃和案：见《通鉴》五十六《汉纪》永康元年十月条。胡所见本，尚未讹也。《汉志》敦煌郡有渊泉县，《晋志》作深泉，盖避唐讳。章怀本亦当作深，后人习闻酒泉之名，妄改为酒耳。

《新唐书》四三《地理志》："思唐州，武郎。"郎当作朗，史臣避宋讳缺笔，后人讹为郎。《元和郡县志》卅六正作武朗。

第五十八　非避讳而以为避讳例

《潜研堂文集》八："问：《士昏礼》，父醮子辞云'勖帅以敬'，荀子书勖作勖。惠松厓谓当由避炀帝讳改为勖，如《毛诗》隆冲为临冲之类，信有之乎？曰：礼家传闻，文字不无异同，要当从其长者。勖帅以敬，于义为长。且信诸子，不如信经。若云避讳更易，则无是理。《士冠礼》称'弃尔幼志'，志为桓帝讳；'受天之祜'，祜为安帝讳，皆未改易。即以《毛诗》征之，'四月秀葽'，秀为光武讳；'思皇多祜',祜为安帝讳,亦未改易也。临冲,《韩诗》作隆冲,《韩诗》在汉时立于学官,何尝避隆字!"

沈兼士曰:《五经异义》谓:"汉幼小诸帝皆不庙祭,而祭于陵。不庙祭,故可讳可不讳。"《说文》于殇帝之讳隆字,不注上讳,殆以此故。段玉裁注既引《异义》以为说,又云:"书成于和帝永元十二年,以前未及讳。至安帝建光元年许冲上书时,不追改,故不云上讳。"按永元十二年,为许君草创《说文》之年,而非成书之年。段氏《说文叙注》与隆字下注,自相矛盾。且考两汉诸帝避讳所改之字,皆为同义互训,而无一音近相转者。《古今注》谓:"殇帝讳隆之字曰盛。"是也。《汉书·地理志》,隆虑,应劭注:"避殇帝名改曰林虑。"疑非事实。盖隆虑之作林虑,亦犹《毛诗》隆冲之作临冲,皆是双声转语,恐无关于避讳也。

《容斋三笔》六云:"《辋川图》一轴,李赵公题,其前一行云'元和四年八月十三日弘宪题'。弘宪者,吉甫字也。其后卫公又跋云:'乘间阅箧书,得先公相国所收王右丞画《辋川图》,实家世之宝也。太和二年李德裕恭题。'洪庆善作《丹阳洪氏家谱序》云:'丹阳之洪,本姓弘,避唐讳改。有弘宪者,元和四年跋《辋川图》。'"是误认李吉甫为洪氏祖宗也。

正之有征音,非为秦讳;昭之有韶音,非为晋讳;甄之有真音,非为吴讳。说已见前。

準之作准,相传以为避刘宋讳,亦非也。《野客丛书》十四云:"今吏文用承准字,合书準。说者谓因寇公当国,人避其讳,遂去十字,只书准。仆考魏晋石本吏文,多书此承准字。又观秦汉间书,与夫隶刻,平準多作准,知此体古矣。"刘宋顺帝名準,改平準令曰染署令，未尝以準之作准为避讳也。

汉碑中秀作秂，《避讳录》二以为避光武讳；庄作荘、作壮，以为避明帝讳；肇从殳，以为避和帝讳；隆作㡆、作䧄，以为避殇帝讳；缵作纉，以为避质帝讳；志作态，以为避桓帝讳，皆非也。汉隶之变体多矣，岂得以避讳解释之。

《避讳录》又谓"汉文帝名恒，改恒农郡曰弘农"，"北魏献文帝名弘，复弘农郡为恒农"，"唐穆宗名恒，改恒山、恒农作常"，"宋真宗名恒，改恒山为常山"，亦非也。弘农汉武时置，文帝时未有恒农，从何而改！此盖沿陆费墀《帝王庙谥年讳谱》之误。北魏以前，既无恒农之名，则献文之改，又何所谓复！唐神龙初改弘农为恒农，开元十六年已复故名，穆宗时安得恒农而改之！恒山，唐穆宗时已改为镇州，宋真宗又安得恒山而改之！应参看《数朝同讳例》。

《避讳录》又谓"晋愍帝名业，改建业为建邺"，"北魏太武帝名焘，改平陶县为平遥"，亦非也。晋愍改建业为建康，邺之从邑，与避讳何涉！《册府元龟》三且谓"晋愍名邺，改邺为临漳"也。《魏书》一〇六《地形志》，济阴郡有定陶，阳平郡有馆陶，钜鹿郡有廮陶，与廮遥并列，南安阳郡有中陶，皆不避讳，何独平陶避讳。且《魏志》《隋志》，均无是说，是说出《旧唐志》，臆说不足据。

第五十九　已避讳而以为未避例

《避讳录》三谓："刘知幾《史通》不避世字，其论李百药《齐书》曰'变世祖为文襄，改世宗为武成'，是讥百药不应避时讳也。其他征引书目,则《世本》《世说》,屡见于篇。其第五篇以世家标目。书中泛言世字,如春秋之世、高惠之世,不下二十余处。又曰民者冥也,两言民无得而称焉、民到于今称之,皆一以人代民,一则直言民字,是太宗二名皆不讳也。其引古人,则石虎、刘昞、邓渊、张渊、石显、萧子显、韩显宗、高堂隆、卫隆景,皆直言其名;崔伯渊、季彦渊,皆直书其字。其泛言虎、渊等字,则曰画虎不成、虎踞龙蟠、临朝渊默、治国字人、且行不臣之礼、基业未彰;而用显微、显晦、隐显、幽显等字,亦不下十余处,皆不用同义字代。是于祖宗庙讳、明皇御名,皆所不避,又不独太宗偏讳也。然《史通》称鲁庄公曰严公,称楚庄王曰严王,远避汉明之名,而于本朝不讳,殊属怪谬。且知幾以明皇嫌讳,改以字行,嫌且改避,隆基正名,绝不顾忌,是谨于问安小礼,而不顾父母之养,恶得为孝子!"

唐以前避讳,多用改字法;唐以后避讳,改字、缺笔,二法兼用。既有缺笔之法,则临文较前方便。然古书展转传写雕板,则元文缺笔与否,无由得知。《避讳录》讥《史通》不避唐讳,安知非后人校改,而必断定今所传本为知幾元文耶!

《日知录》廿三引谢肇淛曰:"宋真宗名恒,而朱子于书中恒字独不讳。盖当宁宗之世,真宗已祧。"竹汀先生曰:"此说非是。朱文公注《论语》《孟子》,正文遇庙讳,则缺笔而不改字,注则无不避者,其注《易》亦然。见于赵顺孙《四书纂疏》及吴革所刊《易本义》,班班可考。谢在杭未见真宋本,故有此言,岂可依据!考宋宁宗之世,太庙自太祖至光宗,九世十二室,亦未尝祧真庙,顾氏偶未审耳。"乃和案:钱说见《养新录》十四。

《十驾斋养新录》三,有朱子《四书注》避宋讳一条,云:"《论语》

《孟子》注，皆避钦宗讳，桓改为威，今世俗本皆改桓字矣。唯《论语》谲而不正章、召忽死之章，《孟子》敢问交际章注，于桓字俱未回避，盖刊《纂疏》时，校书人妄改，犹幸改有未尽耳。"

第六十　以为避讳回改而致误例

章怀注《后汉书》，避太宗讳，民字皆改为人，如《光武纪》"兆人涂炭""为人父母""祖宗之灵，士人之力"，是也。今本有作民者，则宋以后校书者回改。然有不当改而妄改者，如"建武七年，诏郡国出系囚见徒，免为庶民"，"十一年，诏敢灸灼奴婢，论如律，免所灸灼者为庶民"，"十二年，诏陇蜀民被略为奴婢，自讼者，及县官未报，一切免为庶民"，"十三年，诏益州民自八年以来，被略为奴婢者，皆一切免为庶民"，"十四年，诏益、凉二州奴婢，自八年以来，自讼在所官，一切免为庶民"，"殇帝延平元年，诏宗室坐事没入宫者，今悉免遣，及掖庭宫人，皆为庶民"，此庶民悉当作庶人，校书者不知庶民与庶人有别，而一例改之。然"建武五年，诏郡国出系囚见徒免为庶人"，"六年，诏王莽时吏人没入为奴婢，不应旧法者，皆免为庶人"，此两处仍未改也。凡律言庶人者，对奴婢及有罪者而言，与他处泛称庶民者迥乎不同。今本有改有不改者，由当时校书，不出一手故尔。又《崔寔传》引景帝诏曰："加笞与重罪无异，幸而不死，不可为民。"此亦不当改而妄改者也。

又《宦者传》论："三世以嬖色取祸。"注："夏以末嬉，殷以妲己，周以褒姒。"三世当为三代。章怀注，凡世字皆改为代，宋以后校书者复改之。此三代字，乃范氏本文，校书者以为章怀避讳所改，而回改为世，致有此误。

《南史·范晔传》云："元嘉二十二年九月，征北将军衡阳王义季、右将军南平王铄出镇，上于虎帐冈祖道。"考之《宋书》，本作武帐冈。《通鉴》一二四《宋文帝纪》亦作武帐冈。《汉书·汲黯传》，上尝坐武帐见黯。应劭曰："武帐，织成帐为武士象也。"《通鉴》廿四《汉昭帝纪》："将废昌邑王。太后被珠襦盛服，坐武帐中。侍御数百人，皆持兵期门，武士陛戟陈列殿下。"元嘉武帐，取此义也。后之校《南史》者，误以为李延寿避唐讳改作武，实当作虎，遂奋笔改之。而初不知其本当为武帐，并非因延寿避讳改也。

卷七　避讳学之利用

第六十一　因讳否不画一知有后人增改例

　　《史记·高祖纪》于孝惠不书名，《文帝纪》于景帝不书名。乃文帝名再见于《高祖纪》，一见于《吕后纪》，此必后人所加。《景帝纪》："四年，立皇子彻为胶东王。""七年，立胶东王为太子，名彻。"亦后人所加。

　　杜佑撰《通典》，在唐贞元中，故称德宗为今上。而一七八《州郡篇》书恒州为镇州，且云"元和十五年改为镇州"，此后人附益，本书于恒字初不避也。一六五《刑制篇》十恶："六曰大不恭。"注云："犯庙讳，改为恭。"按唐诸帝无名敬者。前卷即有大不敬字，此条必宋人添入，非本文也。《州郡篇》改豫州为荆河州，或称蔡州，改豫章郡为章郡，括苍县曰苍县，皆避当时讳。今本或于荆河下添豫字，又有直书豫州、豫章者，皆校书人妄改也。书中虎牢，皆避讳作武牢，而《州郡篇》汜水县下，直书虎牢，且有获虎字，皆后人妄改，又改之不尽也。

　　《通鉴稽古录》，于古人姓名犯宋讳者，往往易以他字，或二名减一，或以字易名。然其中如刘弘、桓玄、徐圆朗、许敬宗、敬晖、马殷、朱守殷、李匡威、乐彦贞之类,又直书不避。而李敬玄作李敬贞,于玄字、敬字,一避一否。末卷书仁宗建储事,于英宗庙讳皆称讳,而卷中陈曙一人凡三见,恐出后人擅易,非本文矣。

第六十二　因讳否不画一知有小注误入正文例

《后汉书·郭太传》,称郭太为郭林宗,唯传末一段,忽书太名,曰:"初,太始至南州,过袁奉高不宿而去,从叔度累日不去,或以问太,太曰:'奉高之器,譬之泛滥,虽清而易挹;叔度之器,汪汪若千顷之陂,澄之不清,挠之不浊,不可量也。'已而果然。太以是名闻天下。"竹汀先生曰:"蔚宗避其父名,篇中前后,皆称林宗,即他传亦然,此独书其名;且其事已载《黄宪传》,不当重出;叔度书字而不书姓;前云'于是名震京师',此又云'以是名闻天下',词意重沓。后得闽中旧本,乃知此七十四字,本章怀注引谢承《后汉书》之文。叔度不书姓者,蒙上'入汝南则交黄叔度'而言也。今本皆儳入正文,惟闽本犹不失其旧。"乃和案:钱说见《后汉书考异》三。此则因讳否不画一,而知其有小注误入正文也。

第六十三　因讳否不画一知有他书补入例

《魏书·肃宗纪》及《景穆十二王·彝兄顺传》《李崇》《崔光》

《辛纂》《贺拔胜》《儒林》《文苑》等传，俱有广阳王渊，而《太武五王传》作广阳王深。盖《魏书·太武五王传》已亡，后人取《北史》补之，《北史》避唐讳，校者不知追改也。《通鉴》一五〇梁普通五年，亦作广阳王深。考异云："《魏·帝纪》作渊，今从列传及《北史》。"此则误从避讳之名者也。

《北齐书》纪传中，于齐诸帝或称高祖、世宗、显祖、肃宗、世祖，或称神武、文襄、文宣、孝昭、武成，晁公武谓："百药避唐讳，不书世祖、世宗之类。"不知百药修史在贞观初，其时世字并不必避。《梁》《陈》《周书》皆不避世祖、世宗字，百药与思廉、德棻同时，何独异其例？盖《北齐书》久已残阙，后人取《北史》补之，其称世祖、世宗者，百药旧文；其称文襄、文宣者，《北史》之文也。然此非关避讳，晁氏以为例有不一，非也。

《北史·高颎传》："俄而上柱国王积以罪诛。"即王世积也。王懋竑曰："《北史》例不避世字，此卷世室作代室，王世积去世字，与他卷例异。《李德林传》称晋王讳而不名，亦与他传异。每卷末各有总论，而此卷无之。"疑《北史》阙此卷，后人别据他书补之。

杨守敬跋《隋太仆卿元公墓志》云："六世祖遵，高祖熹，曾祖忠，并见《魏书》及《北史》。唯祖昺，徐州刺史，《魏书》《北史》无昺名，而有忠子寿兴，亦徐州刺史，为其兄晖所酖死，临刑自作墓志铭曰：'洛阳男子，姓元名景，有道无时，其年不永。'"竹汀先生云："寿兴名景，不见于史，当由名犯唐讳，故书其字。此铭作韵语，不可称字，乃以景代之。"乃和案：钱说见《北史考异》一。今证以此志，实由李延寿避唐讳，以景代昺。《魏书》多阙，后人取《北史》补之，故仍以景代昺，而以寿兴标目也。然《魏书·崔亮传》："徐州刺史元晒，抚御失和，诏亮驰驿安抚。亮至劾眪,处以大辟。"即此元景。《北史·崔亮传》同。《北史》避唐讳,不应作眪,此眪字又后人据《魏书》回改也。

第六十四　因讳否不画一知书有补版例

《十驾斋养新录》十三,《东家杂记》条云:"卷中管勾之勾皆作匂,避宋高宗嫌名。间有不缺笔者,元初修改之叶。辨宋板者当以此决之。"

又卷十三《论语注疏》正德本条云:"首叶板心有正德某年刊字,但遇宋讳,旁加圈识之。疑本元人翻宋板,中有避讳不全之字,识出令其补完耳。若明刻前代书籍,则未见此式,必是修补元板也。"

又卷十四《颜氏家训》条云:"淳熙中,高宗尚在德寿宫,故卷中构字,皆注太上御名,而阙其文。前序后有墨长记云'廉台田家印'。宋时未有廉访司,元制乃有之。意者元人取淳熙本印行,间有修改之叶,则于宋讳不避矣。"

又卷十四《韦苏州集》条云:"后有拾遗三叶,其目云:'熙宁丙辰校本添四首,绍兴壬子校本添三首,乾道辛卯校本添一首。'验其款式,当即是乾道椠本。而于宋讳初不回避,盖经元人修改,失其真矣。"

第六十五　因避讳断定时代例

《潜研堂文集》卅四《答卢学士书》:"读阁下所校《太玄经》云:

向借得一旧本，似北宋刻，末署右迪功郎，充两浙东路提举茶盐司干办公事张寔校勘。大昕案：宋时寄禄官分左右，唯东都元祐，南渡绍兴至乾道为然。盖以进士出身者为左，任子为右也。而建炎初避思陵嫌名，始改勾当公事为干办公事。此结衔有干办字，则是南宋刻，非北宋刻矣。《宋史》遇勾当字，多易为干当，此南渡史臣追改，非当时本文也。"

又卷廿五："《宝刻类编》，不著撰人姓名。考其编次，始周秦，讫唐五代。其为宋人所撰无疑。宋宝庆初避理宗嫌名，改江南西路之筠州为瑞州。此编载碑刻所在，有云瑞州者，又知其为宋末人也。"

又卷廿八："《宋太宗实录》八十卷，吴门黄孝廉尧圃所藏仅十二卷，有脱叶。每卷末有书写人及初对、复对姓名，书法精妙，纸墨亦古。于宋讳皆阙笔，即慎、敦、廓、筠诸字亦然。予决为南宋馆阁钞本，以避讳验之，当在理宗朝也。刘廷让避太宗讳改名，《宋史》阙而不书，亦当依《实录》增入。"

又卷廿八："《大金集礼》四十卷，不知纂辑年月，要必成于大定之世，故于雍字称御名，而不及明昌以后事。独补阙文一叶，有明昌、承安、泰和及世宗庙号，盖后人取他书搀入，非《集礼》元文也。"

《潜研堂金石文跋尾》十四："程闳中等题名凡七行，文云：'程闳中点青田常役，廖君宪漕台校试还，摄永嘉管勾，邂逅游，己卯闰月二十三日。'何梦华自青田石门山拓以见赠，并贻书询己卯系何年号。予考漕司校试起于宋时，若今之乡试，此题当是宋刻。南渡后避高宗嫌名，易管勾为干办，而此刻称管勾，则必北宋刻矣。"

又卷十一："祈泽寺残碑，寺在江宁通济门外三十里，碑已碎裂,仅存中间一段。有云:'保大三年起首,迄于四载兴功。'又云:'升元岁末,保大惟新。'知其为南唐碑也。予初见碑中有宋代字,疑为宋初刻,及读元僧伯元所撰记云'寺建于宋营阳王义符景平元年',始悟碑云宋代,乃追叙之词,谓刘宋,非赵宋也。观碑文匡字并未回避,其为南唐石刻无疑。"

又卷十三:"《石林亭》诗,永兴军路安抚使兼知军府事刘敞作。次其韵者,守大理评事签书凤翔府节度判官厅公事苏轼也。嘉祐七年十二月十五日,守凤翔府麟游县令郭九龄建。按签署改为签书,本是避英宗嫌名。嘉祐七年之冬,英宗尚未即位,无缘先为改易,殆刻于次年三月以后也。"

《雪堂校刊群书叙录》下《跋敦煌本残道书》云:"文中'民归于主',民字改作人,避唐太宗讳。而治字屡见不讳,盖书于贞观之世也。书法清健,有钟薛风。唐室肇造之初,崇尚道术,至祖老子,而以明老之学诏天下,故此书写于是时。"然考唐之崇尚道术,莫甚于会昌。高宗讳,元和元年以后已不讳,安知此卷不出于晚唐耶。

又《跋唐写本卜筮书残卷》云:"卷中别构字甚多,与六朝碑版合。凡丙丁之丙皆作景,白虎皆作白兽,而隆字不缺笔,乃初唐写本之证。"然考玄宗讳,宝历元年,准故事已祧迁不讳,见《册府元龟》卷三。隆字不缺笔,似亦不足为初唐写本之证。

第六十六　因避讳断定二人为一人例

《周书·后妃传》:"文帝元皇后,魏孝武帝之妹。初封平原公主，适开府张欢，遇后无礼，后诉之于帝，帝乃执欢杀之，改封冯翊公主，以配太祖，生孝闵帝。"太祖，宇文泰也。张欢《北史》无传，惟《张琼传》："琼子欣，尚魏平阳公主，除驸马都尉、开府仪同三司，与公主情好不笃，为孝武所害。"欣，《北齐书·张琼传》作忻，避北齐高欢讳改为忻，或为欣，实即《周书·后妃传》之张欢也。惟公主封号，一为平原，一为平阳，不免牴牾耳。

钱氏旧谱有钱让，不见于史册。《养新录》十九据郑樵《氏族略》："汉哀平间，钱逊为广陵太守，避王莽乱，徙居乌程。而让亦官广陵太守，意让、逊本即一人，夹漈避宋濮安懿王讳，改让为逊耳。"

句容县城南，有元至正二年五月《重建达奚将军庙碑》。将军名字、事迹无可考。碑称殿东楹帖，数字可辨，云：梁承圣初，洪逊为国子祭酒，似洪逊即将军之名。《金石文跋尾》二十："据《南史·周弘让传》：'承圣初为国子祭酒，二年为仁威将军，城句容以居之，命曰仁威垒。'今达奚庙正在仁威故垒。宋人避讳，往往改弘为洪，让为逊，殿楹帖必宋人所题，洪逊即弘让耳，于达奚何与！"

第六十七　因犯讳断定讹谬例

《通鉴》七："秦始皇二十四年，虏楚王负刍，以其地置楚郡。"注："秦三十六郡无楚郡，此盖灭楚之时暂置。后分为九江、鄣、会稽三郡。"按《史记·楚世家》，有"灭楚名为楚郡"之文，故《通鉴》从之，其实秦未尝置楚郡也。秦始皇父名子楚，当时称楚为荆，岂有转以名郡之理。《集解》引孙检云:"灭去楚名,以楚地为三郡。"其说是也。《史记》楚郡之楚,盖三字之讹,后人因此谓三十六郡之外有楚郡,固谬;胡氏谓暂置而后分,亦非也。

《汉书·游侠传》:"陈遵祖父遂,宣帝微时与有故,相随博弈,数负进。及宣帝即位,用遂,稍迁至太原太守,乃赐遂玺书曰:'制诏太原太守,官尊禄厚,可以偿博进矣。'"师古曰:"进者,会礼之财也,谓博所赌也。史皇孙名进,而此诏不讳之,盖史家追书,故有其字耳。"刘攽曰:"颜云史家追书,妄也。诏书本字,史家何苦改之。盖进音赆,自不犯讳也。"但荀悦《汉纪》十八"数负进"作"数负遂","可以偿博进矣"作"可以偿遂博负矣"。则悦所见《汉书》乃遂字,而非进字也。然《汉书·宣帝纪》,地节四年七月诏亦有进药之文,则进字当时似可不讳。

《说文》铟字引张彻说一条,竹汀先生谓:"汉人不当以武帝讳为名,疑是张敞。"乃和案:钱说见《养新录》十二。

《三国·魏志·少帝纪》:"景元元年,故汉献帝夫人节薨,追谥为献穆皇后。"陈景云曰:"《武帝纪》注引《续汉书》,曹腾父名节,于献穆为高祖,不应献穆命名乃犯祖讳。"《艺文类聚》九四引《续汉志》:"曹腾父萌。"与裴注异。当以萌为正,因字形相似而讹也。

《魏书·景穆十二王·中山王英传》:"衍中军大将军临川王萧宏。"按《魏书》于诸帝讳皆回避本字,如崔宏称元伯、慕容恪称元恭是也。今纪传于萧宏之名多不回避,当非魏收元文,皆后人据《南史》追改。《岛夷传》则作萧密。

《新唐书·武后纪》,长安五年正月,讨乱诸臣有检校司农少卿兼知总监翟世言。世为太宗讳,唐人不应以为名。据《忠义·李憕传》后附载功臣，有殿中监兼知总监汝南郡公翟无言，则世实为无字，以形似而讹。

《新五代史·蜀世家》，知祥父名道。《蜀梼杌》下云名巘。据蜀《毛诗》石经残字，道字屡见，皆不避讳，知欧史误。或先名道，后名巘也。

《宋史·仁宗纪》："景祐二年正月，置迩英、延义二阁。"义为太宗旧讳，阁名不应相犯。据卷八五《地理志》，则为延義阁，义字讹也。

《宋史·光宗纪》："绍熙二年二月，金遣完颜亶来告哀。"金熙宗名亶，金使臣不应与金先帝同名。据《金史》六二《交聘表》，实作完颜亯。亯为亶本字。

《辽史·道宗纪》："寿隆元年。"竹汀先生谓："洪遵《泉志》有寿昌元宝钱，引李季兴《东北诸蕃枢要》云：契丹主年号寿昌。又引《北辽通书》云：天祚即位，寿昌七年改为乾统。"乃和案：钱说见《辽史考异》及《养新录》八。今史作寿隆，不云寿昌，或疑《泉志》之误。然辽时石刻，称寿昌者多矣，无有云寿隆者。《东都事略》《文献通考》，皆宋人书也，亦称寿昌。其以为寿隆者，《辽史》误也。辽人谨于避讳，光禄卿之改崇禄，避太宗讳也；改女真为女直，避兴宗讳也；追称重熙为重和，避天祚嫌名也。凡石刻遇光字皆缺画。道宗者，圣宗之孙，而以寿隆纪元，犯圣宗之讳，此理之必无者。黄本骥见慈悲庵幢作寿昌，乃谓："年号不避祖讳，民间讳之，何耶！"此过信《辽史》之误也。

《元史》五九《地理志》："陕州，宋为保义军。"按义为宋太宗旧名。保义军节度，唐末置，治陕州。宋初避太宗名，改军名曰保平，陕州之名仍旧。今《元志》云"宋为保义军"，可以犯讳知其讹谬也。

《元史》六三《地理志》："郴阳县，倚郭，旧为敦化县，至元十三年改今名。"湖南旧为宋土，敦字犯宋讳，敦化之名，必非宋所立。《舆地纪胜》五七引《寰宇记》云："晋天福初，避庙讳，改郴州为敦州，郴县为敦化。汉初，州县名悉复旧。"是敦化之名，乃石晋所改，未几即废。《元史》谓至元十三年改敦化为郴阳，谬也。

凡此皆可因其犯讳而得之。

第六十八　因犯讳知有衍文、脱文例

《晋书·后妃传》："成恭杜皇后讳陵阳，改宣城陵阳县为广阳县。"若以宋武公名司空，改司空为司城之例例之，则阳字不生疑义。然晋时后讳甚严，陵阳既因讳而改，则是否改一字即为满足，须有待其他之证明。据《宋书》卅五《州郡志》："广阳令，汉旧县曰陵阳，晋成帝杜皇后讳陵，咸康四年更名。"则后本讳陵，曰讳陵阳者，因涉所改县名，误衍一字，可因其犯讳而知也。

《北齐书·神武纪》，高欢考名树。《北史·齐纪》及《魏书·高湖传》，作名树生。二史不同，何所适从？据《北齐书·杜弼传》："相府法曹辛子炎咨事，云须取署，读署为树。高祖大怒，杖之。弼进曰：'礼，二名不偏讳，孔子言徵不言在，言在不言徵。子炎之罪，理或可恕。'"若单名树，则弼言为无稽矣，唯名树生，故弼言此。此可因犯讳而知其有脱文也。

第六十九　因犯讳或避讳断为伪撰例

《容斋随笔》十四曰："李陵诗'独有盈觞酒，与子结绸缪'，盈字正惠帝讳。汉法，触讳者有罪，不应陵敢用之。"《野客丛书》五曰："仆观《古文苑》所载枚乘《柳赋》，曰'盈玉缥之清酒'；《玉台新咏》载枚乘新诗，曰'盈盈一水间'。梁普通间，孙文韬所书《茅君碑》谓：'太元真君讳盈，汉景帝中元间人'。观此二事，知惠帝之讳，在当时盖有不讳者。然又怪之，当时文字间或用此字，出适然，犹为有说，至以庙讳为名，甚不可晓"云。

《日知录》廿三以为："李陵、枚乘二人，皆在武昭之世，而不避讳，可知其为后人拟作，而不出于西京。"然以汉碑临文不讳之例例之，不能遽断为伪撰。

《避讳录》二采《日知录》说，而亦以茅君之以庙讳命名，为不可晓。不知道家最喜杜撰，《茅君碑》为梁普通三年道士张绎立，道士孙文韬书。其文云："太元真人司命君，讳盈，字叔申，咸阳南关人。以汉景帝中元五年太岁丙申诞生，茅氏之胤。年十八，弃家学道入恒山。"《茅山志》廿。汉文帝讳恒，此曰恒山，犹可曰从梁时称也。茅君居近西京，非边鄙可比，果名盈，则必非景帝时人；果为景帝时人，则必不名盈。道士不学，任意杜撰，其伪显然，不得以临文不讳之例例之。

隋末王通，谥文中子，著书名《元经》，名《中说》，自来考古书者皆以其书为伪。陈振孙《书录解题》四曰："河汾王氏诸书，自《中说》之外,皆唐《艺文志》所无。其传出阮逸,或云皆逸伪作也。唐神尧讳渊,其祖景皇讳虎,故《晋书》戴渊、石虎,皆以字行。薛收唐人,于传称戴若思、石季龙,宜也。《元经》作于隋,而大兴四年,亦书曰若思,何哉!"今考《元经》,于隋讳坚、广等字皆不避。而于唐讳渊、虎等字,则大兴四年、永昌元年,均称戴渊为戴若思;太宁二年,咸和三年、八年、九年,均称石虎为石季龙。唯永兴元年、永嘉二年,刘渊不避;咸和九年十二月以后,石虎不避,则有后人回改,而又未尽者。为表如下:

晋永兴元年	乐广	刘渊
永嘉二年	刘渊	
大兴四年	戴若思	
永昌元年	戴若思	
太宁二年	石季龙	
咸和二年	广陵	
咸和三年	石季龙	
咸和八年	石季龙	
咸和九年	四月石季龙	十二月石虎
咸康元年	赵虎	
咸康四年	石虎	
咸康五年	广州	石虎
建元二年	虎	
永和五年	石虎	石虎
升平元年	符坚	
咸安二年	符坚	

宁康三年	神兽门
太元九年	苻坚
太元十年	苻坚
周大定元年	杨坚

《四库提要》谓："宁康三年书神虎门为神兽门，显袭《晋书》，无所置辨。且于周大定元年直书杨坚辅政，通生隋世，虽妄以圣人自居，亦何敢如是。"

《元经》之伪，既以避讳与否断定，然《中说》之伪，则鲜有以避讳考之者。

隋文帝父名忠，兼避中字嫌名。故《隋书》谓《忠义传》为诚节；周帝禅位诏，改允执厥中为厥和；凡官名、地名有中字者，多改为内。今文中子乃谥文中，著书名《中说》。《中说》中隋讳如忠、如中、如勇、如广，屡见不一见。而温大雅独称大雅，不称彦弘，其出自中唐以后人伪作无疑。今试考温大雅名称之由来：

温大雅本名彦弘。《容斋四笔》十一据大雅所撰《大唐创业起居注》，有云："炀帝遣使夜至太原，温彦将宿于城西门楼上，首先见之，报兄彦弘，驰以启帝。帝执彦弘手而笑。"以为温兄弟名皆从彦，后避高宗太子追谥孝敬皇帝讳弘，始追称大雅。同时改弘农县为恒农，开元十六年复旧。彦弘固生在孝敬之前，文中子何由称彦弘为大雅耶！

今《中说》二《天地篇》称诸弟子，有"徵也直而遂，大雅深而弘"语。徵，魏徵。诸弟子皆称名，何彦弘独称字？且既称字矣，缘避孝敬讳，何以"深而弘"又犯孝敬讳？一句之中，讳否不一，可见称大雅者，循当时习惯，忘其为避讳也。曰"深而弘"者，开元以后，唐

人已不讳弘也。即此一句,已足证明《中说》伪撰之时代,实在中唐以后。今将《中说》中隋讳列表如下:

《天地篇》　徵也直而遂,大雅深而弘

　　　　　　问牛弘

《周公篇》　或曰广,子曰:广而不滥

　　　　　　愿广者,狭之道也

　　　　　　子曰:我未见勇者

　　　　　　弼也戾,焉得勇

　　　　　　李密问勇

　　　　　　杨玄感问忠,子曰:孝立则忠遂矣

《问易篇》　广仁益智

　　　　　　非明君孰能广问

　　　　　　人能弘道

　　　　　　未忘中国

　　　　　　以明中国之有代

《礼乐篇》　温大雅能之

《述史篇》　大哉中国

　　　　　　中国有一,中国有并

　　　　　　非中国不敢以训

　　　　　　主中国者,将非中国也

　　　　　　江东中国之旧也

　　　　　　有复中国之志

　　　　　　中国之礼乐安在

　　　　　　中国之遗人也

《魏相篇》　抗帝而尊中国

不广求故得

《立命篇》　人能弘道

大雅或几于道

《关朗篇》　中国失道

斯中国失道也

尊中国而正皇始

广大悉备

其中勇字或可不避，而忠、中、广三字不应不避。弘为唐讳，欲解释"大雅深而弘"句，故并著之。

《桯史》十三冰清古琴条云："嘉定庚午，余在中都。有士人携一古琴至李氏鬻之，其名曰冰清。断纹鳞皴，制作奇崛，识与不识，皆谓数百年物。腹有铭，称'大历三年三月三日，蜀郡雷氏斫，凤沼内书正元十一年七月八日再修'。元字上一字，在本朝为昭陵讳，沼中书正，从卜从贝，而贝字阙其旁点，盖今文书令也，唐何自知之？正元前天圣二百年，雷氏乃预知避讳，必无此理。是盖为赝者不知阙文之熟于用而忘益之。"《桯史》所谓正者，贞也，宋人避仁宗嫌名，改曰正。而此伪琴之贞，则避讳缺末点也。

第七十　据避讳推定而讹误例

有据后人追避之讳字，而疑其书为伪作者。《容斋三笔》十五疑扬雄《方言》为伪书。其言曰：雄答刘歆书，称庄君平为严君平，汉讳庄，故改曰严。《法言》于庄字不讳，此何独讳。戴震《方言疏证》十三驳之曰："洪迈不知本书不讳，而后人改之者多矣。此书下文蜀人有杨庄者，不改庄字，独习熟于严君平之称而妄改之。"此不得因有避讳字而遽下断语者也。

《四库全书·汉隶字原》考证云："武梁祠堂画象，《金石录》但称武氏，此题武梁，从《隶释》也。考武梁碑立于桓帝元嘉元年，在明帝后，而画像题鲁庄公，不避明帝之讳。又有李善像，以《后汉书·独行传》考之，善为东汉初人。则此祠乃武梁先世，非武梁也。"夫东汉碑不避庄字者多矣。因碑有庄字，而疑为明帝以前所立，甚不稳也。

《宋史》八九《地理志》："达州本通州，乾德三年改。"《嘉泰会稽志》八云："天圣初，以章献明肃太后家讳避通字改。仁宗亲政，皆复故，惟达州至今不复。"据此，则达州改名在天圣矣。然《续通鉴长编》六亦载此事于乾德三年。盖因淮南有通州，避重名而改，非至天圣初乃因避讳而改也。《会稽志》臆说不足据。

元于钦《齐乘》三云："金初，刘豫割章丘之标竿镇及临邑封圻之半，置济阳县。大定六年，避金主允济讳，改曰清阳。允济遇弑，复旧名。"《廿二史考异》八四云："卫绍王事迹，史失其传。以济阳、永济之例推之，则济南府名亦当改易。"然《金史》廿五《地理志》，济阳注中无明文。若果因讳改，则下文济州，与曹州之济阴、清州之兴济、孟州之济源，亦应在改例，然皆无之。允济为世宗第七子，大定十一年始封薛王。则大定六年，允济是否已生，尚为疑问。因大定六年丙戌，去允济即位之年己巳，凡四十四年，岂有预为允济避讳改县名之理。惟允济于章宗时避显宗讳，改为永济，即位后有

"自今于朕名不连续及昶、咏等字不须别改"之诏。永济务、永济县，二字与御名全同，故改为丰闰，济阳不在此例。《金史详校》三谓："《考异》引此，并疑及济南，未免过信《齐乘》臆说。"

第七十一　避讳存古谊、古音例

避讳有足存古谊、古音者。《南史》好采稗官小说，《王彧传》："长子绚，年五六岁，读《论语》至周监于二代，外祖何尚之戏之曰：'可改耶耶乎文哉。'绚应声答曰：'尊者之名安可戏！宁可道草翁之风必舅。'"六朝人呼父为耶，此以父名戏之也。《说文》："彧，有文章也。"《论语》"郁郁乎文哉"，本当作彧，后人省去有旁，隶变为彧。荀彧字文若，王彧字景文，皆取斯义。读此传，知六朝时《论语》本为彧字，今以郁夷字代之，音同而义别矣。《论语》"草上之风必偃"，今曰"草翁之风必舅"，盖上尚嫌名，故改为翁。尚之子名偃，于绚为舅。《宋书》作偃，乃校书者妄改耳。

《南史·谢瀹传》："尝与刘悛饮，久之，悛曰：'谢庄儿不可云不能饮。'瀹曰：'苟得其人，自可流湎千日。'"刘悛父名勔，流湎音与刘勔同，因悛斥其父名，故亦以是报之。读此传知《晋书·张协传》："倾罍一朝，可以流湎千日。"汲古本作沉湎，非也。

《南史·王亮传》："亮迁晋陵太守，有晋陵令沈巑之，好犯亮讳。亮不堪，遂启代之。巑之乃造坐云：'下官以犯讳被代，未知明府讳。若为攸字，当作无骹尊傍犬？为犬傍无骹尊？若是有心攸？无心攸？乞告示。'"竹汀先生曰："无骹尊者，酋也。酋傍犬为猷，犬傍酋为猶。有心为悠，无心为攸。攸、悠、猷、猶，四字同纽同音。亮父名攸，巚之侪为不知，问是何字，频触其讳，且以犬傍戏之也。世俗读攸、悠二字如忧音，而史文遂难通矣。"乃和案：钱说见《南史考异》二。

《旧唐书·萧复传》："以复为统军长史。复父名衡，特诏避之。"盖本为行军长史。由此可见当时衡、行二字音同，而今音则不尽同也。

《新唐书·韦皋传》："皋兄聿，迁秘书郎，以父嫌名，换太子司议郎。"据《唐文粹》六十权德舆《南康郡王家庙碑》，皋父名贲。可见当时贲、秘二字音同，而今音不尽同也。

卷八　历朝讳例

第七十二　秦、汉讳例

　　前篇所举诸例,以类区分,参伍错综,期无余蕴。兹更以时为主,列举历朝讳字,俾便检照。各朝讳制,顺附及焉。并记其世次者,所以便于计算已祧之庙也。

　　秦初避讳,其法尚疏。汉因之,始有同训相代之字。然《史记》《汉书》于诸帝讳,有避有不避。其不避者固有由后人校改,然以现存东汉诸碑例之,则实有不尽避者。大约上书言事,不得触犯庙讳,当为通例。至若临文不讳,诗书不讳,礼有明训。汉时近古,宜尚自由,不能以后世之例绳之。

　　汉宣帝元康二年诏曰:"闻古天子之名,难知而易讳也。今百姓多上书触讳以犯罪者,朕甚怜之,其更讳询,诸触讳在令前者赦之。"此上书不得触讳之说也。灵帝时诸碑,远不避光武讳,近不避桓帝讳,此临文不讳之说也。惟汉讳有一定相代之字,后世无之,即有亦非一定,斯为独异耳。

世次	帝号	所出	名讳	代字	举例
秦　一	始皇	赵氏	政—作正		谓正月为端月
		父庄襄王子楚	子楚		谓楚为荆

	二	二世	始皇子	胡亥		
汉	一	高祖	刘氏	邦	国	汉诏引《书》"协和万邦"为万国
	二	惠帝	高祖子	盈	满	《史记》引《左传》"万盈数也"为满数
		高后		雉	野鸡	《汉书·杜邺传》用雉升鼎耳事,改雉为野鸡
	二	文帝	高祖子	恒	常	恒山郡改常山
	三	景帝	文帝子	启	开	称微子启为微子开
	四	武帝	景帝子	彻	通	改蒯彻为蒯通
	五	昭帝	武帝子	弗 初名弗陵	不	
	七	宣帝 父史皇孙进	武帝曾孙	询 初名病已	谋	
	八	元帝	宣帝子	奭	盛	
	九	成帝	元帝子	骜	俊	
	十	哀帝 父定陶共王康	元帝孙	欣	喜	
	十	平帝 父中山孝王兴	元帝孙	衎 初名箕子	乐	
后汉	一	光武 叔父赵王良	高祖九世孙	秀 良	茂	改秀才为茂才 改寿良县为寿张
	二	明帝	光武子	庄 初名阳	严	庄助改严助,庄安改严安

三	章帝	明帝子	炟	著	
四	和帝	章帝子	肇 或误作肈	始	
五	殇帝	和帝子	隆	盛	伏隆《东观记》作伏盛
五	安帝	章帝孙	祜 或误作祐	福	朱祜《东观记》作朱福
	父清河孝王庆		庆		庆纯改为贺氏,见《吴志·贺齐传》注
六	顺帝	安帝子	保	守	
七	冲帝	顺帝子	炳	明	
七	质帝	章帝玄孙	缵	继	
	父渤海孝王鸿				
六	桓帝	章帝曾孙	志	意	赵戒字志伯,《孔庙置守庙卒史碑》作意伯
	父蠡吾侯翼				
七	灵帝	章帝玄孙	宏	大	
	父解渎亭侯苌				
八	献帝	灵帝子	协	合	

第七十三　三国讳例

三国时祚短促,各处偏隅,其讳法亦有足考者。魏儒王肃有已迁主讳议，载于《通典》一〇四。其所主张，以为诗书、临文、庙中，乃至言事，皆不必讳，唯臣民不得以为名字耳。吴臣张昭则有驳应劭为旧君讳议，载于本传注。劭之言曰："起元建武已来，旧君名讳，五十六人，后生不得协也。"昭则以为："亲亲有衰，尊尊有杀，属绝则不拘于协。"协，谓同其名也。两国之臣，其言论如此，其事实则何如——

《魏纪》："甘露五年诏曰：古者人君名字，难犯易讳。今常道乡公讳字甚难避，其博议改易列奏。"常道乡公即陈留王。初名璜，即位后改名奂。奂为燕王宇子。景元元年有司议奏事、上书、文书及吏民，皆不得触王讳。此魏故事也。

《吴志》："赤乌五年，立子和为太子，改禾兴为嘉兴。"是为历代避嫌名之始。《孙休传》永安五年注，引《吴录》载休诏："礼，名子欲令难犯易避。孤今为四男作名字，太子名𩅦，音湾，字莔，音迄；次子名𩅦，音觥，字𧟼，音礥；次子名壾，音莽，字昷，音举；次子名㝳，音褒，字㷻，音拥。此都不与世所用者同，庶易弃避。"此吴故事也。

孙皓时，后父滕牧、司空丁固，皆名密。滕避丁，改名牧；丁避滕，改名固。此时人之互避，为三国时特俗。

孙皓字元宗，而吴令孟宗改名仁。刘备叔父字子敬，孟达亦字子敬，刘备赐刘封死，封叹曰："恨不用孟子度之言。"子度即孟达，避先主叔父敬改之。避名而及字，此又三国时之特俗也。

《韦曜传》有"误犯皓讳，辄见收缚，至于诛戮"之言。或以此为吴时讳禁特严，不知所谓皓讳者，忌讳耳，非名讳也。皓传称"皓粗暴，多忌讳，好酒色"是也。皓既暴戾若此，谁尚犯其名哉！

卷八 历朝讳例

	世次	帝号	所出	名讳	举例
魏	一	武帝	曹氏	操	
	二	文帝	武帝子	丕	
	三	明帝	文帝子	叡	
	四	齐王	明帝养子	芳	芳林园改华林园,见《文帝纪》注
	四	高贵乡公	文帝孙 父东海定王霖	髦	
	三	陈留王	武帝孙 父燕王宇	奂 初名璜	
蜀	一	先主	刘氏 叔父子敬	备	
	二	后主	先主子	禅	
吴	一	大帝	孙氏 父坚	权	
		太子和		和	禾兴县改嘉兴
	二	废帝	权子	亮	
	二	景帝	亮兄	休	休阳县改海阳,晋平吴,又改海宁
	三	归命侯	权孙 父和	皓 或从日。字元宗,一名彭祖,字皓宗	孟宗改名仁

第七十四　晋讳例

避讳至晋，渐臻严密。《通典》一〇四《礼篇》所载讳议，大半出于晋人。其所议者：（一）七庙讳字议；（二）上书犯帝讳，及帝所生讳议；（三）山川与庙讳同，应改变议；（四）上表称太子名议；（五）父讳与府主名同议；（六）授官与本名同宜改，及官位犯祖讳议。固已讨论綦详矣。然晋时讳制，并不如唐宋之繁，其特异者，为东晋皇后讳，比历代特多。《通典》帝所生讳议，即当时因吴兴郡上事，有春字犯郑太妃讳，下制书推之，众官多以为小君之讳，列于讳榜，故天下同讳；所生之讳，不列讳榜，故天下不同讳。可知晋时后讳，实列讳榜。故《晋书·后妃传》："成恭杜皇后讳陵阳，阳字衍。改陵阳县为广阳。"《毛穆之传》："字宪祖，小字武生，名犯哀靖王后讳，故行字。后又以桓温母名宪，乃更称小字。"至郑太妃讳，虽经朝议，多数以为不应讳。然君之所讳，臣无不讳之说，亦极有力，故凡春字地名，悉以阳字易之，如富春曰富阳，宜春曰宜阳之类，是也。又当时议礼之臣，引《春秋》必曰《阳秋》，如《郑太后传》曰"《阳秋》之义，母以子贵"，又曰"依阳秋二汉故事"，是也。孙盛、檀道鸾辈著书，亦曰阳秋，如《晋阳秋》《续晋阳秋》，是也。《褚裒传》则曰"季野有皮里阳秋"，后世至传为美谈。赵宋时葛立方著诗话，乃名曰《韵语阳秋》，则已忘其为避讳者矣。

世次	帝号	所出	名讳	举例
晋一	宣帝	司马氏	懿	懿改益，或改壹，《蜀志》

卷八 历朝讳例

				称张懿为张益,《宋书》王懿称字仲德
二	景帝	宣帝子	师	太师改太宰,京师改京都,或改京邑
二	文帝	景帝弟	昭	昭阳县改邵阳,张掖昭武县改临泽,建安昭武县改邵武。《吴志》称韦昭为韦曜
三	武帝	文帝子	炎	《魏志》称孙炎字为孙叔然
四	惠帝	武帝子	衷	
四	怀帝	武帝子	炽	
五	愍帝	武帝孙	业—作邺	建业改建康,邺县改临漳

父吴孝王晏

东晋五	元帝	景帝曾孙	睿	《宋书》王叡,以字元德行

父琅邪恭王觐

六	明帝	元帝子	绍	
七	成帝	明帝子	衍	《杜皇后传》称王衍为王夷甫
七	康帝	成帝弟	岳	邓岳改名嶽,后竟改名岱
八	穆帝	康帝子	聃	

八	哀帝	成帝子	丕	
八	海西公	哀帝弟	奕	
六	简文帝	元帝少子	昱	育阳县改云阳
七	孝武帝	简文帝子	曜	
八	安帝	孝武帝子	德宗	
八	恭帝	安帝弟	德文	

第七十五　南北朝讳例

南北朝父子不避同名，已见前条，似南北朝之讳禁甚宽也。然据《颜氏家训·风操篇》所述，并谓："吾亲识中有讳襄、讳友、讳同、讳清、讳和、讳禹，交疏造次，一座百犯，无僇赖焉。"则当时之讳禁又甚严也。

北齐高祖高欢，父名树生，《北齐书·杜弼传》称："相府法曹辛子炎谘事，读署为树，高祖大怒曰：'小人都不知避人家讳。'杖之。弼进曰：'礼，二名不偏讳，子炎之罪或可恕。'高祖骂之曰：'眼看人瞋，乃复牵经引礼。'叱令出去。"此北朝事也。

《南齐书·文惠太子长懋传》称："长懋转秘书丞，以与宣帝讳同，不就。"宣帝，萧道成之父承之，长懋曾祖也，丞其嫌名耳。然道成之成不避承，秘书丞何为避承。《南齐书·百官志》，太常、光禄勋、卫尉、廷尉、大司农、少府，皆有丞，尚书有左右丞，皆不讳。《武帝纪》永明六年有"宕昌王梁弥承"；《州郡志》南琅邪有承县，正名亦不讳。《州郡志》又有安成郡，及夷道、㵲道、利成、绥成、始成诸县,于道成之名亦不讳。此则南朝事也。

综观种种史实,南北朝避讳,实无定制,宽严随人意而异,故矛盾之事,并见于一时。入隋则讳禁稍严,渐开唐人风气矣。

世次		帝号	所出	名讳	举例
宋	一	武帝	刘氏	裕	王敬弘名裕之,谢景仁、褚叔度、张茂度名裕,皆以字行
		祖靖		靖	向靖改称小字弥,孔靖以字季恭行
		父翘			
	二	少帝	武帝子	义符	
	二	文帝	武帝子	义隆	
	三	孝武帝	文帝子	骏	
	四	前废帝	孝武子	子业	
	三	明帝	文帝子	彧	王彧以字景文行
	四	后废帝	明帝子	昱	
	四	顺帝	明帝子	準	平準令改染署令
南齐	一	高帝	萧氏	道成	薛道渊改名渊,萧道先改名景先
		父承之			
	二	武帝	高帝子	赜 或作颐	
	四	郁林王	武帝孙	昭业	
		父文惠太子长懋			
	四	海陵王	郁林王弟	昭文	

	二	明帝	高帝兄子	鸾	
		父始安贞王道生			
	三	东昏侯	明帝子	宝卷	
	三	和帝	明帝子	宝融	《梁书·柳恽》《徐勉传》,于王融皆称其字元长,而不名
梁	一	武帝	萧氏	衍	
		父顺之		顺之	《梁书》称顺阳郡为南乡,《南齐书》顺字多易为从
	二	简文帝	武帝子	纲	
	二	元帝	武帝子	绎	
	三	敬帝	元帝子	方智	
陈	一	高祖	陈氏	霸先	
	二	世祖	高祖兄子	蒨	
		父始兴王道谭			
	三	废帝	世祖子	伯宗	
	二	宣帝	世祖弟	顼	
	三	后主	宣帝子	叔宝	
北魏	一	道武帝	拓跋氏	珪	上邽县改上封
	二	明元帝	道武子	嗣	
	三	太武帝	明元子	焘	
	五	文成帝	太武孙	濬	
		父景穆帝晃		晃	《魏书》称慕容皝字曰

卷八　历朝讳例　117

				元真
六	献文帝	文成子	弘	弘农郡改恒农。《魏书》称冯弘字曰文通,石弘字曰大雅
七	孝文帝	献文子	宏	《魏书》称崔宏字曰玄伯,苻宏字曰永道,李宏仁字曰容仁
八	宣武帝	孝文子	恪	《魏书》称慕容恪字曰元恭
九	孝明帝	宣武子	诩	尉诩改名羽
八	孝庄帝 父彭城王勰	献文孙	子攸	
八	前废帝 父广陵王羽	献文孙	恭	
八	后废帝 父章武王融	太武五世孙	朗	
九	出帝 父广平王怀	孝文孙	脩 或作循	
西魏九	文帝 父京兆王愉	孝文孙	宝炬	
东魏九	孝静帝 父清河王亶	孝文孙	善见	
北齐一	神武帝	高氏	欢	欢改为欣,《周书·文帝元后传》张欢,《北齐

					书·张琼传》作张忻
		六世祖隐		隐	赵隐以字彦深行
		高祖泰		泰	北齐人称宇文泰小字曰黑獭
		父树生		树生	《北史·隋文帝纪》树颓县，《魏书·地形志》作殊颓
	二	文襄帝	神武子	澄	
	二	文宣帝	神武子	洋	
	三	废帝	文宣子	殷	殷州改赵州
	二	孝昭帝	神武子	演	
	二	武成帝	神武子	湛	
	三	后主	武成子	纬	
	四	幼主	后主子	恒	
周	一	文帝	宇文氏	泰小字黑獭	萧泰以字世怡行。黑水改乌水，见《元和志》
	二	孝闵帝	文帝子	觉	
	二	明帝	文帝子	毓	
	二	武帝	文帝子	邕	《北史》郑道邕，《周书》作郑孝穆
	三	宣帝	武帝子	赟	
	四	静帝	宣帝子	阐 初名衍	
隋	一	高祖	杨氏	坚	
		祖祯		祯	李孝贞以字元操行

	父忠	忠	兼避中字，凡中皆改为内，中书改内史，中牟县改内牟
二	炀帝 高祖子	广一名英	广改为大，或为博，广川县改长河，广武县改雁门
四	恭帝 炀帝孙 父元德太子昭	侑	

第七十六　唐讳例

唐制，不讳嫌名，二名不偏讳。故唐时避讳之法令本宽，而避讳之风尚则甚盛。武德九年，有"世及民两字不连续者，并不须避"之令。显庆五年，有"嫌名不讳，今后缮写旧典文字，并宜使成，不须随义改易"之诏。然唐人注《史记》、两《汉书》、《文选》，撰《晋》《梁》《陈》《北齐》《周》《隋》《南》《北》八史，于唐庙讳，多所改易，古籍遂至混淆。其中一部分士夫，则雅不以广避为然。《会要》廿三言：宪宗为太子时，王纯以与同名，请改名绍，君子非之。时韦纯为监察御史，独不请改。既而下诏以陆淳为给事中，改名质。纯不得已，乃上疏改名贯之。《日知录》以为韦淳事，非，淳不为监察御史。开成元年，崔龟从奏前婺王府参军宋昂，与御同名，十年不改，宜殿两选。咸通十二年，侍御史李谿以奏状内讼字与庙讳音同，罚俸。谿抗疏，职制律诸犯嫌名不坐，免之。据此，则唐时讳法，制令甚宽。李谿既可抗疏力争,宋昂并可十年不改。非如宋之淳熙文书令,广避嫌名;清之乾隆《字贯》案,罪至枭首也。今唐人撰注诸史中之所以广避者,习尚使然,实未遵贞观、显庆时诏令。故韩愈《讳辨》,力斥讳嫌名之非,至比之宦官宫妾。可见法令为一事,习尚又为一事也。

唐时避讳,有可特纪者,为缺笔之例,自唐时始。既有此例,则古籍文字,可以少所更易。故开成石经,缺笔多而改字少,经典元本,赖是保存焉。

世次	帝号	所出	名讳	举例
唐 一	高祖	李氏	渊	渊改为泉,或为深
		祖虎	虎	虎改为兽,为武,为豹,或为彪
		父昞	昞	昞、炳、丙、秉,皆改为景
		太子建成	建成	建城县改高安,晋城县改晋安
二	太宗	高祖子	世民	世改为代,或为系,从世之字改从云,或改从曳。民改为人,或为甿,从民之字改从氏
三	高宗	太宗子	治	治改为持,为理,或为化。稚改为幼
		太子忠	忠	中郎将改旅贲郎将

卷八　历朝讳例　　　　　　　　　　121

	太子弘		弘	弘农县改恒农,弘静县改安静
	武后		瞾	诏改为制,李重照改名重润
四	中宗	高宗子	显 中间曾改名哲	显政殿改昭庆,显德殿改章德
四	睿宗	高宗子	旦 初名旭轮,又名轮	旦改为明,张仁亶改名仁愿
五	玄宗	睿宗子	隆基	隆州改阆州,大基县改河清
六	肃宗	玄宗子	亨 初名嗣昇,改名浚,又名玙,又名绍	
七	代宗	肃宗子	豫 初名俶	豫州改蔡州,豫章县改钟陵
八	德宗	代宗子	适	括州改处州,括苍改丽水
九	顺宗	德宗子	诵	斗讼律改斗竞律
十	宪宗	顺宗子	纯 初名淳	淳州改睦州,淳于改姓于,韦纯改名贯之,韦淳改名处厚
十一	穆宗	宪宗子	恒 初名宥	恒州改镇州,恒岳改镇岳
十二	敬宗	穆宗子	湛	郑茂谌改名茂休

十二	文宗	穆宗子	昂初名涵	郑涵改名澣,《旧唐书》作瀚
十二	武宗	穆宗子	炎初名瀍,《会要》作澶	李瓛字昭回,改名回,字昭度
十一	宣宗	宪宗子	忱初名怡	
十二	懿宗	宣宗子	漼初名温	
十三	僖宗	懿宗子	儇初名俨	
十三	昭宗	懿宗子	晔初名杰,又名敏	
十四	哀帝	昭宗子	柷应作祝,初名祚	

第七十七　五代讳例

五代承唐之后,讳例仍严。读《旧唐书·哀帝纪》:"天祐二年七月敕,全忠请铸河中、晋、绛诸县印,县名内有城字,并落下,如密、郑、绛、蒲例,单名为文。九月又敕,武成王庙宜改为武明王。"十月十一月以后,又敕改凡有成、城、信等字县名。其时朱全忠尚未称帝也,而其祖若父之名,已不可犯如此。称帝而后,又以己名全忠,为唐所赐,且异帝王之称,特下令改名晃,其旧名不得回避。不然,则终梁之世,图书金石,无诚无信,复无忠也。历唐、晋、汉,皆出异族,讳法稍宽,至周而又密。《五代会要》四载:"后唐天成三年诏曰:本朝列圣及新追四庙讳,近日章奏,偏傍文字,皆阙点画。凡当出讳,止避正呼,若回避于偏傍,则亏缺于文字。此后凡庙讳但避正文,其偏傍文字,不必减少点画"云。同时十国有讳者,并附如后：

	世次	帝号	所出	名讳	举例
梁	一	太祖	朱氏	晃 本名温，唐赐名全忠	
		曾祖茂琳		茂琳	茂州改汶州，慕化县改归化，戊改为武
		祖信		信	信都县改尧都
		父诚		诚	成德军改武顺，城门郎改门局郎，城隍改墙隍
	二	末帝	太祖子	瑱初名友贞，又名锽	
唐	一	庄宗	唐赐李氏	存勖	
		祖国昌		国昌	孝昌县改孝感，昌乐县改南乐
		父克用			
	一	明宗	庄宗宗属	亶初名嗣源	杨檀赐名光远
		曾祖敖		敖	郑遨以字云叟行
	二	闵帝	明宗子	从厚	
	二	末帝	明宗养子	从珂	
晋	一	高祖	石氏	敬瑭	竟陵县改景陵，唐改姓陶，钱唐县改钱江，行唐县改永昌，福唐县改南台
		父绍雍			
	二	少帝	高祖从子	重贵	

			父敬儒	
汉	一	高祖 刘氏	暠 本名知远	鱼崇远改名崇谅,折从远改名从阮,赵远以字上交行
	二	隐帝 高祖子	承祐 祐当作祜	
周	一	太祖 郭氏	威	张彦威改名彦成,李洪威改名洪义,马令威改名令琮,郭彦威改名彦钦
		高祖璟	璟	南唐李璟改名景
		曾祖谌		
		祖蕴		
		父简	简	孙方简改名方谏,王易简止名易
	二	世宗 太祖养子,本姓柴	荣	李荣改名筠
	三	恭帝 世宗子	宗训	向训改名拱,张从训改名崇诂

十国讳例

国名	姓名	举例
吴	杨行密	滁人呼荇溪曰菱溪,扬州人呼蜜曰蜂糖
	父怤	御史大夫改大宪,又作大卿
后蜀	孟知祥	蜀石刻《诗经》残本知字不避

		祖察	蜀石刻《诗经》残本察字缺末三笔
		父道	蜀石刻《诗经》残本道字不避
吴越		钱镠	元金履祥先世本刘氏，改为金
		子元瓘	
		孙弘佐	凡官名左者悉改为上
闽		王审知	闽人沈姓去水为尤

第七十八　宋讳例

　　宋人避讳之例最严。《容斋三笔》十一云："本朝尚文之习大盛，故礼官讨论，每欲其多，庙讳遂有五十字者。举场试卷，小涉疑似，士人辄不敢用，一或犯之，往往暗行黜落。方州科举尤甚，此风殆不可革。"《宋史》一○八《礼志》言："绍熙元年四月，诏今后臣庶命名，并不许犯祧庙正讳，如名字见有犯者，并合改易。"此已祧之讳仍不许犯也。"嘉定十三年十月，司农寺丞岳珂言：国朝之制，祖宗旧讳二字者，皆著令不许并用。既而礼寺讨论，所有旧讳，若二字连用，并合回避。"此旧讳仍不许犯也。《楼钥传》言："钥试南宫策，偶犯旧讳，知贡举洪遵奏，得旨以冠末等。"故今所传宋绍定《礼部韵略》，卷首犹载淳熙、绍熙时应避旧讳及诸帝嫌名，真有过五十字以外者，此实空前绝后之例也。特附载之，以备参考。

世次	帝号	所出	名讳	举例
宋　一	太祖	赵氏	匡胤	匡改为正，为辅，为规，或为纠，为光，为康。

			匡国军改定国,匡城县改鹤丘。胤改为裔,胤山县改平蜀,吕余庆名胤,以字行
	始祖玄朗	玄朗	玄改为元,或为真。玄鸟改鳵鸟,玄武县改中江。朗改为明,朗山县改确山
	远祖轩辕		
	高祖朓		
	曾祖珽	珽	《唐书》姚珽,缺笔误作姚班
	祖敬	敬	敬改为恭,为严,为钦,或为景。镜改为鉴,或为照。敬州改梅州,王居敬改居安
	父弘殷	弘殷	弘改为洪,殷改为商,为汤。弘农县改恒农,殷城县改商城。钱俶本名弘俶,赵文度本名弘
一	太宗 太祖弟	炅 初名匡义,又名光义	义改为毅,义兴县改宜兴,富义监改富顺。杨

卷八　历朝讳例

				美本名光美，祁廷训本名廷义
二	真宗	太宗子	恒初名德昌，改元休，又改元侃	恒改为常，恒山改镇山，恒农县改虢略。毕士安本名士元
三	仁宗	真宗子	祯初名受益	祯改为真，为祥，贞改为正，祯州改惠州，永贞县改永昌，谥文贞者称文正
四	英宗	仁宗从子	曙初名宗实	曙改为晓，为旭，树改为木，署改为院，签署改签书，都部署改都总管。张孜初名茂实
	父濮安懿王允让		允让	让改为逊，或为避
五	神宗	英宗子	顼初名仲鍼	顼改为玉，勖改为勉。旭川县改荣德，李遵勖撰《天圣广灯录》，《宋史·艺文志》去勖字
六	哲宗	神宗子	煦初名佣	
六	徽宗	神宗子	佶	
七	钦宗	徽宗子	桓初名亶，又名烜	桓改为亘，为威，或为魋。齐桓公改威公，桓魋改威魋

南宋七	高宗	徽宗子	构	姤改为遘，勾当改干当，管勾改管干
八	孝宗	太祖七世孙	昚初名伯琮，更名瑗，又名玮	慎改为谨，慎县改梁县
	父秀王偁			
九	光宗	孝宗子	惇	惇改为崇，或为孝。蔡惇撰《祖宗官制旧典》，《宋史·艺文志》称其字为蔡元道
十	宁宗	光宗子	扩	
十一	理宗	太祖十世孙	昀初名贵诚	筠州改瑞州，李伯玉初名诚
	父荣王希瓐			
十二	度宗	理宗从子	禥初名孟启，又名孜	
	父嗣荣王与芮			
十三	恭宗	度宗子	㬎	

附　淳熙重修文书式据绍定《礼部韵略》

玄胡涓切悬县泫酱胘眩獧等二十字。

朗卢党切悢㫰狼阆浪等二十字。

匡去王切筐眶恇劻迋等十八字。

胤羊晋切酳靷引等十七字。

炅古迥切颎炯耿扃憬等十六字。

恒胡登切峘姮等四字。

祯陟盈切桢贞侦徵旌症等十三字。

曙常恕切署抒藸薯树殊遇切竖澍赎属等二十六字。

顼呼玉切旭勖等七字。

煦吁句切昫酗休呴咻等十三字。

佶极乞切姞郅鲒吉其吉切咭等十一字。

桓胡官切瓛完丸院洹汍纨绾芄莞萑鹳荳狟皖垣等四十九字。

构古候切遘媾觏购冓篝韝姤诟逅鸲句雊钩岣彀瞉搆彀够等五十五字。

眘时认切慎䚿等九字。

惇都昆切敦墩邨鹑锌等二十四字。内鹑、锌二字，并系殊伦切，与淳字同音，不合回避。若作都昆切，即系与今庙讳同音。合各从经传子史音义避用。

扩阔镬切廓郭鞹鞟等十七字。

昀俞伦切匀畇驯巡尚书巡守徐邈读等七字。

绍熙重修文书令

诸犯圣祖名、庙讳、旧讳、旧讳内贰字者连用为犯，若文虽连，而意不相属者非。御名，改避。余字谓式所有者。有他音，谓如角徵之类。及经传子史有两音者，许通用，谓如金作赎刑，其赎字一作石欲切之类。正字皆避之。若书籍及传录旧事者，为字不成，御名易以他字。

诸犯濮安懿王讳让。者，改避。若书籍及传录旧事者，皆为字不成，其在真宗皇帝谥号内者，不避，应奏者以黄纸覆之。按真宗谥号，有让、德二字。诸文书不得指斥援引黄帝名，经史旧文则不避。如用从车从干，冠以帝字，或继以后字，合行回避。自余如轩冕、轩轾、辊辕、车辕之类，即不合回避。

第七十九　辽、金讳例

辽、金起自朔漠，其始本无文字，无所谓避讳。《辽史·文学传》，重熙十三年萧韩家奴上疏，谓："天皇帝之考夷离堇的鲁，犹以名呼。"其不避讳可知也。既占河朔，始习汉文，兼用汉文名字。《廿二史札记》廿八谓："金一人二名，其国语之名，便于彼此相呼；汉名则用之诏令章奏。其避讳之法，则专避汉名，而国语之名不避，盖国语本有音无正字也。"然汉名之俗，辽亦有之，不过金自灭辽而后，与宋人接触频繁，适当宋人避讳极盛之时，故金亦受其薰染，其避讳遂比辽为盛。《大金集礼》廿三载："大定九年正月省奏，检讨到《唐会要》云：古不讳嫌名，后世广避，故讳同音。今御名同音，已经颁降余救切二十八字，合回避。"所谓余救切者，世宗初名褎也。然此犹为御名同音及汉名。据《金史·章宗纪》：泰和元年三月，乃并避始祖以下庙讳小字。七月，又禁庙讳同音字。《孙即康传》："泰和六年，上问即康，睿宗讳改作崇字，其下却有本字全体。即康乃拟熙宗讳亶字从亩从旦；睿宗讳宗字从未，尧字从垚；世宗讳雍字从系；显宗讳允字斜书。"自此不胜曲避矣。不意宋人避讳之毒，乃中于金人。左表所列，限于汉名，其国语之名从略。辽疏而金密，亦可于二表见之。金盖于诸帝之外，并避其所出也。

世次	帝号	所出	汉名	举例
辽　一	太祖	耶律氏	亿	宋庆历三年贺国主生辰使丁亿，更名意

卷八 历朝讳例　　131

	二	太宗 太祖子	德光	改晋天雄军节度范延光为范延广，改光禄大夫为崇禄
	三	世宗 太祖孙 父义宗倍	阮	
	三	穆宗 太宗子	璟	
	四	景宗 世宗子	贤	宋庆历三年贺国母正旦使李维贤，更名宝臣
	五	圣宗 景宗子	隆绪	
	六	兴宗 圣宗子	宗真	改女真为女直
	七	道宗 兴宗子	洪基	宋明道元年贺国母生辰使王德基，《辽史》作王德本
	九	天祚帝 道宗孙 父顺宗濬	延禧	改兴宗重熙年号为重和，姚景禧改名景行
金	一	太祖 完颜氏	旻	宋绍兴十二年，改岷州为西和州
	二	太宗 太祖弟	晟	
	三	熙宗 太祖孙 父徽宗宗峻	亶 宗峻	皇统八年，改濬州为通州，《金史》误作避宗隽改

三	海陵 _{太祖孙}	亮	
	父辽王宗幹		
	太子光英	光英	改鹰坊为驯鹫坊，改英国为寿国，应国为杞国
三	世宗 _{太祖孙}	雍_{初名褎}	改雍丘县为杞县，雍国为唐国
	父睿宗宗尧_{初名宗辅}	宗尧	改宗氏为姬氏，宗州为瑞州，宗安县为瑞安，宗国为莱国
五	章宗 _{世宗孙}	璟	张燡改名炜，改景州为观州，改景国为邹国
	父显宗允恭	允恭	卫绍王允济更名永济，尹安石改姓师，侯师尹改名挚。恭改为敬，宗室思恭改名思敬，白彦恭改名彦敬，改共城县为河平，龚县为宁阳，武功县为武亭
四	卫绍王 _{世宗子}	永济	改永兴县为德兴，永济县为丰闰，济国为遂国，张永改名特立，

			《中州集》阎咏改名长言
五	宣宗 世宗孙	珣	改郇国为管国，梁询谊改名持胜
	父显宗允恭		
	太子守忠	守忠	张行忠改名行信
六	哀宗 宣宗子	守绪 初名守礼	贾守谦改名益谦

第八十　元讳例

　　避讳之繁，至宋金而极，至元则反之。《廿二史札记》廿九有元帝后皆不讳名一条。一部《元史》，惟《程钜夫传》言："钜夫名文海，避武宗庙讳，以字行。"余无所见。钜夫盖生宋世，犹习宋人之遗风，其实元制不全用御名不避也。元武宗名海山，武宗时以海名者至多，试检《武宗纪》已得七人：

　　（一）海都 叛王凡八见

　　（二）朵儿朵海 太傅

　　（三）塔剌海 中书右丞相凡十五见

　　（四）塔海 中书右丞凡三见

　　（五）塔失海牙 江浙行省河南省平章政事凡三见

　　（六）火失海牙 仪凤司大使

　　（七）海剌孙 平章政事

其官名之有海字者四：

  （一）称海等处宣慰司都元帅

  （二）海口屯储亲军都指挥使司

  （三）称海也可扎鲁忽赤

  （四）海外诸蕃宣慰使都元帅，领海道运粮都漕运万户府事

其他地名及章奏之有海字者，如靖海县、宁海州、凡二见。海漕、凡四见。海道、凡三见。海东、海贼、海口、海舶、下海、海外诸国等，不一而足，皆见于《武宗纪》。武宗即位诏，开始即有"以文德洽海内"之言，何曾有讳海之事。《元史·曹元用传》："武宗时，元用迁礼部主事，时累朝皇后既崩者，犹以名称，而未有谥号。元用言后为天下母，岂可直称其名。"则当时帝后之不讳名可知也。

唯《元典章》廿八载至元三年表章回避字样，凡一百六十余字。是时去宋之灭，尚十有余年，此等字样，必沿自金人，非元人所创。观其所记注，有"某字系旧式""某字近用不驳"之文，则其来历必非一朝。元初诸帝不习汉文，安知有忌讳！

《元典章》廿八又载："延祐元年十一月，行省准中书省咨，科举事件，送礼部约会翰林院官议得：称贺表章，元禁字样太繁，今拟除全用御名庙讳不考外，显然凶恶字样，理宜回避。至于休、祥、极、化等字，不须回避。都省请依上施行。"

又："延祐三年八月，中书省札付，礼部呈翰林国史院议得：表章格式，除御名庙讳，必合回避，其余字样，似难定拟。都省仰钦依施行。"此则延祐设科以后，效宋金人之所为。其定制亦只限于全用御名庙讳。若程文海与武宗之名仅同一字，当然可不避。且元

帝名皆译音,又不如辽金诸帝之兼有汉名,故元世文书上避讳之例甚少也。

第八十一　明讳例

明承元后,避讳之法亦甚疏。据《明史》,随从太祖诸人,有丁玉初名国珍,吴良初名国兴,吴祯初名国宝,胡美初名廷瑞。《胡美传》云:"避太祖字易名。"然终明之世,太祖名字,并未尝避。

沈德符于万历间撰《野获编》,其卷一云:"古帝王避讳甚严,本朝则有极异者。如懿文太子,既有谥号,少帝仍名允炆。建文年号,音同御名,举朝称之凡四年。建文二子,长名文奎,次曰文圭,其音又与炆字无少异,其后章谥号,又犯太祖御讳,抑更异矣。"

《野获编补遗》二又云:"避讳一事,本朝最轻。如太祖御讳下一字,当时即不避。宣宗、英宗庙讳下一字,与宪宗旧名、新名下一字,士民至今用之。"又《补遗》三:"今禁城北门名厚载,二字俱犯世宗、穆宗庙讳上一字。今上皇贵妃郑氏所居宫曰翊坤宫,上一字即今上御名。而内外所称,章疏所列,俱公然直呼,恬不为怪,亦无一人议及之。"

按明律虽有上书奏事犯讳之条,然二字止犯一字者不坐。明诸帝多以二字为名,故不讳也。

《野获编》十三又言:"谥以易名,惟金尚书忠谥忠烈。其后林文俊乃谥文修,陈文德亦谥文恭。若洪熙元年,英国公张辅,其勋号有辅运二字。宣德二年,后父孙忠,其勋号有宣忠二字。隆庆初,给新建伯王守仁诰券,勋号亦有守正二字,则以二名不偏讳也。"

万历而后,避讳之法稍密。故明季刻本书籍,常多作尝,洛多作雒,校多作较,由字亦有缺末笔者。

《日知录》廿三言:"崇祯三年,奉旨颁行天下,避太祖、成祖庙讳及孝、武、世、穆、神、光、熹七宗庙讳,正依唐人之式。"又言:"崇祯二年,兵部主客司主事贺烺,以避皇太子名,改名世寿。而光宗为太子,河南府洛阳县及商州洛南县,并未尝改。"据此,则明讳之严,实起于天启、崇祯之世。

	世次	帝号	所出	名讳	举例
明	一	太祖	朱氏 父世珍	元璋 字国瑞	胡廷瑞易名胡美
	三	惠帝	太祖孙	允炆	
	二	成祖	太祖子	棣	改沧州之无棣曰庆云,乐安州之无棣曰海丰
	三	仁宗	成祖子	高炽	
	四	宣宗	仁宗子	瞻基	
	五	英宗	宣宗子	祁镇	正统丁卯,山西乡试经题"维周之桢",犯楚王讳,考官罚俸
	五	代宗	宣宗子	祁钰	
	六	宪宗	英宗子	见深 初名见濬	

七	孝宗	宪宗子	祐樘	
八	武宗	孝宗子	厚照	
八	世宗	宪宗孙	厚熜	张璁正德十六年登第，嘉靖十年始避嫌改名孚敬
	父祐杬			
九	穆宗	世宗子	载垕	
十	神宗	穆宗子	翊钧	钧州改名禹州
十一	光宗	神宗子	常洛	常作尝，洛作雒
十二	熹宗	光宗子	由校	校作较
十二	毅宗	光宗子	由检	检作简

第八十二　清讳例

清之入据中原，与拓跋、耶律、完颜诸氏同。明人译其景祖曰教场，或曰叫场，清人自书曰觉昌；明人译其显祖曰他失，清人自书曰塔克世；明人译其太祖曰奴儿哈赤，清人自书曰努尔哈赤。译音无定字，无所庸其讳也。入关久，始效宋明人避讳。清之避讳，自康熙帝之汉名玄烨始，康熙以前不避也。雍乾之世，避讳至严，当时文字狱中，至以诗文笔记之对于庙讳御名，有无敬避，为顺逆凭证。乾隆四十二年，江西举人王锡侯《字贯》案，即因凡例中列康雍两朝庙讳及乾隆御名，未将其字分析，如所云"上一字从弓从厶，下一字从麻从日"者，固已照例缺笔矣；又因庙讳御名，列在孔子讳后,以此大遭乾隆之忌,遽兴大狱焉。当时上谕有曰:"阅其进到之书,第一本叙文后凡例,竟将圣祖、世宗庙讳及朕御名字样开列,深堪发指。此实大逆不法,为从来未有之事,罪不容诛,即应照大逆律问拟,以申国法而快人心。"以讳杀戮多人,真"从来未有之事"。恽敬《大云山房杂记》二乃云:"陈弘谋乾隆三十二年三月授东阁大学士,始奏请将原名改用宏字。前此骎历数十年,一切奏折书名,均与御名上一字同。"以此见清朝之宽大。俞樾《茶香室续钞》八谓:"御名无不避之理。前此当已改写宏字,惟部册尚未追改,至授东阁大学士,始请将部册改作宏字耳。"俞说是也。

乾隆时,不特清朝庙讳有禁,李廌《济南集》有"汉彻方秦政"之句,《北史·文苑传》叙有"颉颃汉彻"之句,馆臣亦遭痛斥,饬令改为汉武。并将此谕载之《四库提要》卷首,使天下知皇帝之尊,百世下犹可为厉也。道咸而后,讳例渐宽。前此二名皆讳,道光后上一字与亲王同者不讳。今故宫中门号有宁字者,当时亦未尽改易,盖国力至此已衰矣。

	世次	帝号	所出	名讳	举例
清	一	世祖	爱新觉罗氏	福临	第二子名福全,其始固无所谓避讳
	二	圣祖	世祖子	玄烨	以元煜字代,称范晔为范蔚宗,玄武门改神武
	三	世宗	圣祖子	胤禛	胤以允字代,《明史》张佳允、申佳允、堵允锡,进士题名碑本作

				胤。改王士禛为士正,又改士禛
四	高宗	世宗子	弘历	以宏历字代,改明弘治年号为宏治,改时宪历为时宪书
	太子永琏		永琏	《论语》"瑚琏也",试场不以命题
五	仁宗	高宗子	颙琰 初名永琰	《简明目录》改宋俞琰为俞琬。韵目上声二十八琰改为俭
六	宣宗	仁宗子	旻宁 初名绵宁	宁以甯代
七	文宗	宣宗子	奕詝	
八	穆宗	文宗子	载淳	淳写作湻
八	德宗	宣宗孙	载湉	
	父醇贤亲王奕譞			
九	末帝	宣宗曾孙	溥仪	唐绍仪改名绍怡,后复之
	父醇亲王载沣			

征引书目略

廿四史	廿二史考异	三史拾遗
诸史拾遗	廿二史札记	十七史商榷
荀悦汉纪	通鉴	通鉴稽古录
续通鉴长编	建炎以来系年要录	史通
新唐书纠谬	金史详校	东都事略
十国春秋	华阳国志	邺中记
蜀梼杌	齐乘	元和郡县志
元丰九域志	嘉泰会稽志	舆地纪胜
孙庆瑜丰润县记	雍正江西通志	通典
唐律疏议	唐会要	五代会要
通志	通考	礼部韵略
大金集礼	元典章	崇文总目
郡斋读书志	直斋书录解题	东观余论
四库提要	四库全书考证	元和姓纂
黄本骥避讳录	韩柳年谱	帝王庙谥年讳谱
文献征存录	姓氏辩误	说文
说文系传	佩觿	唐石经
宋高宗御书石经	蜀石经	隶释

石刻铺叙	集古录跋尾	宝刻类编
金石文字记	潜研堂金石文字跋尾	金石萃编
金石屑	邻苏老人手书题跋	方言疏证
蔡邕独断	崔豹古今注	经典释文
李涪刊误	兼明书	梦溪笔谈
容斋随笔	示儿编	野客丛书
能改斋漫录	老学庵笔记	疑耀
日知录	十驾斋养新录	读书记疑
雪堂校刊群书叙录	挥麈前录	鸡肋篇
游宦纪闻	梁溪漫志	闻见后录
桯史	齐东野语	至正直记
野获编	大云山房杂记	茶香室续钞
老子	庄子	荀子
淮南子	颜氏家训	元经
中说	朱子四书集注	本草纲目
艺文类聚	册府元龟	韩昌黎集
柳河东集	范文正公集	司马光文集
济南集	渭南文集	曝书亭集
鲒埼亭集	潜研堂文集	文选
文馆词林	唐文粹	文苑英华
全唐文	东华录	南宋杂事诗

重印后记

　　是书为一九二八年纪念钱竹汀先生诞生二百周年而作,当时急于成书,引书概未注卷数,引文又未加引号,读者以为憾。今本系刘君乃和校本,刘君于本书用力至深,曾将全部引文一一检对原书,正其谬误,其须加卷数及引号者并加注卷数引号。今特用其本重印,以便读者。

陈　垣
一九五六年十二月

校勘学释例

最初发表于《庆祝蔡元培先生六十五岁论文集》(1933年)
现据中华书局1959年排印本整理

目　录

序 ···	149
卷一　行款误例 ··	150
第　一　有目无书、有书无目例 ···························	150
第　二　条目讹为子目例 ···································	151
第　三　非目录误为目录例 ································	152
第　四　误连上文例 ··	153
第　五　错简例 ··	155
第　六　阙文例 ··	156
第　七　字体残阙径行删去例 ·····························	157
第　八　空字误连及不应空字例 ··························	158
第　九　正文讹为小注、小注讹为正文例 ···············	160
第　十　抬头遗迹改革未尽例 ·····························	162
第十一　表格误例 ···	162
卷二　通常字句误例 ···	164
第十二　形近而误例 ··	164
第十三　声近而误例 ··	166
第十四　因同字而脱字例 ··································	168
第十五　因重写而衍字例 ··································	170

  第十六 因误字而衍字例 …………………… 171

  第十七 重文误为二字例 …………………… 174

  第十八 一字误为二字例 …………………… 175

  第十九 妄改三例 …………………………… 176

  第二十 妄添三例 …………………………… 180

  第二十一 妄删三例 ………………………… 184

  第二十二 妄乙三例 ………………………… 187

卷三 元代用字误例 ………………………………… 190

  第二十三 不谙元时简笔字而误例 ………… 190

  第二十四 以为简笔回改而误例 …………… 197

  第二十五 不谙元时译音用字而误例 ……… 201

  第二十六 用后起字易元代字例 …………… 204

  第二十七 元代用字与今不同例 …………… 206

卷四 元代用语误例 ………………………………… 211

  第二十八 不谙元时语法而误例 …………… 211

  第二十九 不谙元时用语而误例 …………… 213

  第三十 因元时用语而误例 ………………… 221

  第三十一 因校者常语而误例 ……………… 224

  第三十二 用后代语改元代语例 …………… 227

  第三十三 元代用语与今倒置例 …………… 229

卷五 元代名物误例 ………………………………… 233

  第三十四 不谙元时年代而误例 …………… 233

  第三十五 不谙元朝帝号、庙号而误例 …… 235

  第三十六 不谙元时部族而误例 …………… 236

第三十七	不谙元代地名而误例	237
第三十八	不谙元代人名而误例	239
第三十九	不谙元代官名而误例	242
第 四 十	不谙元代物名而误例	245
第四十一	不谙元代专名而误例	247
第四十二	不谙元时体制而误例	249

卷六　校例 253
　第四十三　校法四例 253
　第四十四　元本误字经沈刻改正者不校例 257
　第四十五　元本借用字不校例 260
　第四十六　元本通用字不校例 262
　第四十七　通用字元本不用例 267
　第四十八　从错简知沈刻所本不同例 269
　第四十九　从年月日之增入疑沈刻别有所本例 270
　第 五 十　一字之误关系全书例 273
重印后记 275

序

　　余以元本及诸本校补沈刻《元典章》，凡得谬误一万二千余条，其间无心之误半，有心之误亦半，既为札记六卷，阙文三卷，表格一卷，刊行于世矣。乃复籀其十之一以为之例，而疏释之，将以通于元代诸书及其他诸史，非仅为纠弹沈刻而作也。且沈刻之误，不尽由于沈刻，其所据之本已如此，今统归其误于沈刻者，特假以立言耳。六百年来，此书传本极少，《四库》既以方言俗语故，摈而不录，沈氏乃搜求遗逸，刊而传之，其有功于是书为何如！沈刻固是书之功臣，今之《校补释例》，亦欲自附于沈刻之诤友而已，岂敢龂龂前人耶！昔高邮王氏之校《墨子》也，曰："是书以无校本而脱误难读，亦以无校本而古字未改，又有传写之讹，可以考见古字之借，古音之通，他书所未有也。"余于沈刻《元典章》亦云然。《元典章》为考究元代政教风俗、语言文字必不可少之书，而沈刻雕版之精、舛误之多，从未经人整理，亦为他书所未有。今幸发见元本，利用此以为校勘学之资，可于此得一代语言特例，并古籍窜乱通弊，以较彭叔夏之《文苑英华辨证》，尚欲更进一层也。博雅君子，幸进而教之。一九三一年七月，新会陈垣。

卷一　行款误例

第一　有目无书、有书无目例

有目无书，有为沈刻所独阙者，可以他本补之；有为元刻所本无者，则是编纂时未经纂入，具见校补札记，兹从略。

至于有书无目，则大抵由编纂时未将目录加入，故沈刻目阙者元刻亦阙，唯新集礼部，各本有祭祀社稷体例门，汲古阁藏本<small>即故宫藏本</small>。独无之，疑有阙叶，非元刻本无也，盖按目排订，无目者自易漏订矣。

<small>卷叶</small>

户五三二　　远年卖田告称卑幼收赎

户七廿二　　多支官钱體覆不实断罚

刑十九七　　禁乞养过房贩卖良民

刑十九廿四　遗火决断通例

新吏四　　　住罢封赠

新吏廿三　　刘萬户奔继父丧

新户三九　　虫蝗生发申报

新礼六　　　祭祀社稷體例

卷一　行款误例

新刑二	奴儿干出军　肇州屯种	
新刑五三	户计司相关词讼	

又有书与目次第不同者，元刻本已如此，亦编纂时未经改正者也。

户一三	俸钱各条	与目次第不同
户四二十	夫自嫁妻条后	与目次第不同，按年应以目为正
礼一十二	察司不须迎送接待条后	与目次第不同，按年应以书为正
礼五三	保申医义条后	与目次第不同
新兵十五	递铺门	目在工部造作门之后，应以书为正
新刑五一	诸奸门	目在诸盗门之前

第二　条目讹为子目例

元刻卷中标目，悉阴文低二格，与文平行，留二格为抬头之用，其子目则悉低三格，冠阴文一字于其上，而文则低四格，眉目极清晰也。沈刻不依元刻抬头，卷中标目，悉改为阴文顶格，文低一格，子目低二格，文低三格，眉目亦清晰也。惟吏部六、七、八等三卷，标目悉改为阳文低二格，冠一字于其上，而文则低三格，与其他子目混淆不清，非以卷首目录校之，不能知其孰为条目、孰为子目也。今略举数条如下：

吏六一	一随路岁贡儒吏	
史六三	一儒吏考试程式	
吏六廿一	一职官补充吏员	
吏七一	一品从座次等第	
吏七三	一圆座署事	
吏八一	一品从行移等第	
吏八二	一执政官外任不书名	

上所举，照沈刻本书格式，应悉改为顶格阴文，删其冠首"一"字，方与其他各卷一律，而不致与子目混淆。然此误实不始于沈刻，彭本、方本虽依元刻抬头，此三卷条目上亦均冠以"一"字，由来远矣。

第三　非目录误为目录例

元刻、沈刻，目录标题均用阴文，所以醒目也。沈刻有非目录而误刻阴文者，有非目录而误为目录者。

兵二七	御史台咨	四字元阳文，误阴文
兵二八	见刑房巡捕例	元作"见刑部捕盗类"，小字阳文，今误阴文大字
刑十三八	行台都御史钧旨咨	八字元作"御史台咨"四字，阳文，与前段平行，今误阴文顶格，与其他目录相混

刑十六十五　　司吏周崇仁状招　　　七字元阳文，比前段低一格，今误阴文顶格，与其他目录相混

第四　误连上文例

凡钞书不依原本行款，则遇原本分段处，容易误连。惟元刻《元典章》标目悉用阴文，苟直接钞自元刻，亦不至有误连上文弊。今沈刻误连上文之弊甚多，有如下例：

吏四五　　　求仕不许赴都
户六七　　　添工墨钞
礼一四　　　表章回避字样
兵一三九　　札撒逃走军官军人
兵三三　　　拯治站赤
兵三十六　　脱脱禾孙盘问使臣
刑一三　　　民官公罪许罚赎
刑二二　　　依體例用杖子
刑三十二　　诬告谋反者流
刑八三　　　定拟给没赃例

又《元典章》一目之下，辄分数段，倘一段末处适为一行尽处，则更端之始，亦易误连。幸此书悉案牍之文，每一更端，多冠年月，症结所在，整理不难。

户一六　　　尚书省送据户部呈

兵三十九	大德元年
兵三五二	又大德七年
刑八三	至大四年
刑十三廿三	延祐四年六月
刑十五四一	至大四年三月
刑十五四三	至大三年四月

又有两条或两段之间,中有脱文,遂至两条混为一条,非发见脱文,不易知其症结所在。

户八七九	背一行"泉府司"下,脱三十字,遂将两条并为一条,而市舶则法二十三条,缺少一条矣
户六十二	背一行"者么道"下,脱简二十行,遂将"虚烧昏钞"一条之末二段,误合上文为一条矣
户九廿一	背八行"申到"下,脱简二十三行,遂将"江南申灾限次"一条之后半,误合上文为一条矣
礼一十四	三行"准拟"下有脱文,大德七年上又脱"贡献毋令迎接"一目,遂与前条并为一条,而不可分矣

又刑部卷内,法司拟定犯人罪名,元刻必另行,当时公牍格式本如此,所以便省阅也;今沈刻悉连之,亦不便。

刑四四	奸夫李驴儿法司拟云云	
	奸妇刘阿翟法司拟云云	
刑四廿七	靳留住法司拟云云	
	慈不揪法司拟云云	
刑四廿八	戴引儿法司拟云云	
	张驴儿法司拟云云	元均另行

第五　错简例

沈刻《元典章》错简之例有三：曰单错，曰互错，曰衍漏错。

单错者，本处有阙文，错简在他处是也。

吏四七　　五行"今後"下，漏二十三字，错简在八行"省送"下

户三二十　一行"立嗣"下，漏二十六字，错简在四行"前弊"下

户四四十　十一行"到招"下，漏二十七字，错简在背一行"招伏"下

户七一　　十行"原发勘合"下，漏十字，错简在八行"勘合已到"下

户七三一　五行"追征"下，漏十七字，错简在四行"追征"下

互错者，本处有阙文，错简在他处，他处亦有阙文，错简在本处，所谓彼此互错也。

吏七六　　四行"公出疾病在假即日"八字，应在五行"长官"下；五行"掌判其行用印信"七字，应在四行"长官"下

户三七　　五行"因而在外另籍或"七字，应在七行"漏籍人口"下；七行"各年军籍内"五字，应在五行"附籍人口"下

衍漏错者，本处有阙文，而重出他处之文于此，又衍又漏是也。

吏六卄八　背十一行"按察司"下，漏"申该"等十五字，又将下文"史所有奏差合"六字，重出于此

兵一四六　背六行"钦奉圣旨"下，漏"禁治"等十八字，又将背七行"军及"等十八字，重出于本行。彭本、方本均如此，知沈刻与二本实同出一源也

第六　闕文例

沈刻《元典章》闕文甚多，其所闕最巨者，为吏部卷三，闕仓库官等六门，凡三十六叶，在方氏等半叶十行本则为四十七叶，盖所据本将此卷分装二册，而闕钞其下册也。

其余所闕，则刑部卷内为多，且每在一类之末一二条，似有意刊落，而非偶然脱漏者。

刑一二	做罪过的不疏放一条	在刑法类末
刑二十六	孕囚出禁分娩三条	在系狱类末
刑三十一	郑贵谋故杀侄一条	在不睦类末
刑四四	船上图财谋杀一条	在谋杀类末
刑五七	無检验骨殖例一条	在检验类末
刑六四	冯崇等剜坏池杰眼睛一条	在他物伤类末
刑八廿一	吏员赃满一體追夺一条	在取受类末
刑九八	接揽税粮事理一条	在侵盗类末
刑十二	知人欲告回钱一条	在回钱类末
新刑七	巡尉司囚月申一条	在详谳类末
新刑五十	针擦人眼均征养赡钞二条	在毁伤眼目类末
新刑八四	分拣流民一条	在禁聚众类末
新刑九十	禁借办习仪物色一条	在杂禁类末

第七　字体残阙径行删去例

钞刻书籍,遇有残阙字体,应为保留,以待考补,不得将残阙字句径行抹去。今沈刻《元典章》目录礼部门内,残阙多条,尚留空位待补,是也。然亦有将残阙字句,径行删去,不留空位者:

目录三六	望讲经史	应作"朔望讲经史例"
	儒学提举司	应作"立儒学提举司"
	㰚儿休差发	应作"横枝儿休差发"
	食学校田地	应作"种养学校田地"
	治学校	应作"整治学校"
	举程式条目	应作"科举程式条目"

上六条,每条之上,皆残阙一字,缘吴氏绣谷亭本即涵芬楼藏本。此数叶纸有残阙也。由此可知沈刻此卷实由绣谷亭本出,特未知是直接是间接耳。然所阙者目录,本可用本书校补,即未及校补,亦应预留空位,今乃径行删去,疏忽之诮,似不能辞。又书中标目,亦有似此残阙,径行抹去者。

兵三五十	驰驿	"驰"上应有"枉道"二字
刑七十四	犯奸出舍	"犯"上应有"舍居女"三字

上目二条,因元刻上有残阙,本可据卷首目录校补,即未及校补,亦应预留空位,不应径行抹去,致令人疑为无阙也。

户八十七	若遇客旅赍据诣造茶	"造"上元有三字残阙,据汲古阁藏本尚残留"处"字,"处"上据绣谷亭本尚有"户"字,当是"茶户处"三字。由此可知绣谷亭所据元刻,较汲古阁藏本为早印也
户八六三	提调官归县达鲁花赤	"归"上元有一字残阙,据汲古阁藏本尚残留"禾"字,当是秤归
户八八二	据归县达鲁花赤	"归"上元有"秤"字
户八八一	大字直书盐不得犯界	"盐"上元有一字残阙,据汲古阁藏本尚残留"厶"字,当是私盐
刑七十八	十二岁女儿	"儿"上元有一字不明,言十二岁女名某儿也
刑十五三十	背十二行后,元刻残阙一行,其次行尚留"处归问断者钦此"七字,沈刻并行删去	

第八 空字误连及不应空字例

凡钞刻书籍,字有未详,则空一字以待校补;例行文书,遇有不定名词或数目,亦空一字以待填补,此恒例也。

户三十五	及见告　人名字称说系是户头　人子侄	两"人"字上空位,元刻均作"厶",即某字也。今不作"厶"而留空位,其义亦同
户四十二	伊兄大吓勒讫女一斤婚书	"大"上元空一字,兄某大、女一斤,皆系人名。今遽将空位误连,不复知为人名矣
户八八四	若数过陪者量为减免定额	"陪"上元空一字。陪与倍元时通用,"陪"上空一字,乃未定之词,即数过若干倍也。今径将空位误连,失其义矣
户八一〇三	据丘县状申	"丘"上元作墨方,丘县为某丘,尚待证明。然其上既空一字,则必非东昌路之丘县可知。今遽将空位误连,易生误会
兵三四一	到于水站接各乘船前去	"水站"上元空二字,当系地名待填。今径删去,义亦不名

又有不应空字而空者,亦易令人误会。

户六六	倒　钞人等	"倒"下元不空
礼五八	至甚繁　夥	"繁"下元不空

兵三廿四	它　每自出劄子	"它"下元不空
新纲目二	职官　犯奸	"官"下元不空。职官犯奸，系新集子目之一，今误作空位，令人疑为二目。沈跋数新集子目有九十四者，亦分职官犯奸为二事也。不应空而空，其弊与应空而不空等

第九　正文讹为小注、小注讹为正文例

正文讹为小注，大抵因版已锓成，发见脱漏，挖版补入，不得不改为双行，其例常有。

吏四十五	首领官取招断罪二行	元大字
户八五十	及批凿关防二行	元大字
户十四	一半城子里二行	元大字
礼一五	至元十五年二行	元大字

然亦有不必双行挤写，而误为双行者。

吏一廿二	教习亦思替文字国子	"国子"二字，误为小字双行
礼四十二	汉人南人古赋诏诰章表内科一道	"古赋"以下元大字，今亦误为小字

至于小注讹为正文，又较正文讹为小注，令人不易察觉。

吏四四	十行"见前例"三字	元小注

卷一　行款误例

吏八一	背八行"正从同"三字	元小注
	背十三行"七品司县并申"	"并申"二字，元亦小注
户十三五	背八行"至大改元诏"五字	元小注
礼一九	背十一行"如闲官就本宅正厅"八字	元小注
礼三一	背四行"系今之下定也"六字	
	背五行"人之大伦"以下三十七字	
	背十二行"系今之下财也"六字	元均小注
兵一十	背十三行"二十三款"四字	元小注
兵一三二	背十一行"全文见上"	"全"字元亦小注
兵三四	背十一行"云云见前"四字	元小注
刑五七	八行"至元"至"准呈"凡十四字	元小注
新吏二十	六行"毕见月为理"五字	元小注
新礼三	六行"云儒官服色全例"七字	元小注

今并讹为大字，与正文无别。

第十　抬头遗迹改革未尽例

元刻《元典章》抬头极多,有平抬,有单抬,有双抬;沈刻悉为连缀,然亦偶有遗留,且因此而致误者。

纲目一　　"国家""圣旨"等字,仍另行抬头

目录三四　"上位名字更改"一条,"上位"二字仍顶格,与类目平行

新目一　　"太皇太后尊称诏"之上,元有"上"字在前行之末,谓上太皇太后尊称也。今将"太皇太后"抬头,而误衍"上"字在次行之上

新目一　　"太皇太后尊号诏"之上,元有"加"字在前行之末,谓加太皇太后尊号也。今将"加"字误衍在本行之下

新目一　　"诏书"之上,元有"阿撒等诡谋遭诛"七字在前行之末,谓阿撒等诡谋遭诛诏书也。今将"诏书"二字抬头,而误注"阿撒"等七字于本行之下

户一八　　"完者秃□□皇帝时分",元无此□□而抬头,今乃不抬头而误加空围

第十一　表格误例

表格之用,最重位置,位置一乱,则失其效用。然位置之所以

能不乱者,全在横直线,横直线一失,而欲位置不乱,难矣。夫翻刻有表格之古籍,必贵依其行款,行款照旧,表格可以不动。沈刻《元典章》不然,全书表格紊乱,横直线或有或无,无从校正,其讹误尤甚者,止可照元刻本改作而已。然此不能以咎沈刻,因沈刻并非钞自元本,其所据之本,未知为三传四传,传世既远,仍云不能肖其祖祢,宜也。表格之误,不易以文字形容,试取下列之表,以改作者与沈刻原表一比勘,则知其相去之远矣。

吏五三十	封赠表	阙横线,排列错乱
吏八八	案牍表	阙横直线,并多错误
户二一	分例表	阙横线,其直线又多错误
户六一	钞法表	阙横直线
兵三一	驿站表	阙横直线,且错乱
刑三一	诸恶表	阙横直线,且错乱

卷二　通常字句误例

第十二　形近而误例

形近而误,有易察觉者,有不易察觉者。其易察觉者,文义不通者也。

卷叶
目录六二	流戈聚众	元作"流民"
吏三廿八	拟尧嘉兴路医学教授	元作"拟充"
吏五十三	不死之任作阙	元作"不能之任"
户三十九	先奉中书省刘付	元作"劄付"
户四十三	刘瑞哥怀朵	元作"怀孕"
户五三二	远年责田	元作"卖田"
户六二	课银每疋	元作"每定"
户六十一	好钞妄作昏钞	元作"妄作昏钞"
兵三廿六	差妻录事孙征事等	元作"差委录事"
新兵四	辄加筑楚	元作"箠楚"

其不易察觉者,文义似通非通者也。

卷二　通常字句误例

吏三十九	倘有不应罪及学官	元作"举官"
吏三卄一	考成之士绝少	元作"老成"
户三卄三	张元俊妾称已曾过房为男	元作"妄称"
户六卄七	不合窝藏蔡软驴子地窨子内	元作"於地窨子内"，先易"於"为"于"，又误"于"为"子"
礼一九	率僚属公吏皆乐送至城门外	"皆乐"元作"音乐"
礼三十五	亦有将宝钞籍户敛葬	"籍户"元作"藉尸"
礼三十七	况舊停于家者	"舊停"元作"留停"
刑三十七	正是南安赣州等处	元作"止是"
刑十九三	将劫掳财物男女子收捕处	"子"元作"於"，由"于"误"子"
新刑五	信赏在功無不服	元作"功无不报"
新刑十五	盗官银米出仓免刺	元作"盗官粮未出仓免刺"
新刑八七	蒋文贵等于大德十年七月因与沈七将已挑伪钞装诬客人蒙杭州路总管蒋文贵杖断八十七下	第二之"蒋"元作"将"，涉上文而讹，上文有"蒋文贵"，故下文之"将文贵"，亦误作"蒋文贵"，被杖之囚，忽变为杖人之总管矣

新刑八九	就杭州路铸铜器	元作"就杭州镕铸铜器","杭州路"三字习见,故"杭州镕铸铜器",误为"杭州路铸铜器"。文义似通非通,皆不易察觉其误者也

又有讹误在二字以上,文义似通非通,虽知其误,不易知为何误者。

礼二七	比兵戎要受底人	元作"比丘戒要受底人"
兵一二十	据中书在逐	元作"中书左丞"
兵一四三	至门官地	元作"空闲官地"
兵一四六	及今于侸躯丁	元作"及令子侸躯丁"
新刑廿一	数自致元囚人者	元作"敢有致死囤人者"
新刑六三	湖广道廉访司申挷柱等处分司牒	"挷柱"元作"梛桂"
新刑八九	又获到下河系匿税铜钱一十一篾包	"下河系"元作"丁阿保"

第十三　声近而误例

声近而误,有由于方音相似者,有由于希图省笔者。

何谓方音相似?如"吏""例"、"记""继"、"程""陈"、"点""典"诸字,以广州音读之,不相混也,今沈刻《元典章》多混之,知必与抄者之方音相似也。

目录五二	官例赃罚钞	元作"官吏"
户四四七	千户王记祖	元作"王继祖"
刑五八	并记中统钞数	元作"并计中统钞数"
户五三十	陈应林	元作"程应林"
户六十二	从实计典	元作"计点"
新吏廿五	依着旧例计典	元作"计点"
户七三三	其各物多收用钱	元作"其各务多收用钱"
户八四八	多省准拟	元作"都省"
户八五九	多省除已移咨江淮行省	元作"都省"
刑二七	辄加拷掠严行	元作"严刑"
刑二廿二	非理死损者严刑究治	元作"严行"
刑四三七	阎喜生	元作"阎喜僧"
刑十一四七	警迹人拘检官防	元作"拘检关防"
刑十三廿一	近因搬丧还家	元作"奔丧"
新礼四	公过京兆路学观里	元作"观礼"
新兵一	拟定局项事理	元作"逐项"
新刑六十	江正四	元作"姜正四"

何谓希图省笔？广州音"黄""王"不分，今沈刻《元典章》多误"黄"为"王"，但不见误"王"为"黄"，则不过希图省笔而已，盖以为更人姓名无关轻重也。

刑四十一	王云二	元作"黄云二"
刑五十三	朱阿王	元作"朱阿黄"

刑九十一	库官王庆	元作"黄庆"
刑十六廿六	王喜儿	元作"黄喜儿"
刑十六三三	州判王文德	元作"黄文德"
新刑六	王茂可	元作"黄茂可"
新刑十六	纠合王耕一	元作"黄庚一"
新刑四一	伊妻阿王	元作"阿黄"
新刑八五	王鼎	元作"黄鼎"

第十四　因同字而脱字例

钞书脱漏，事所恒有，惟脱漏至数字或数十字者，其所脱之末一二字多与上文同，在沈刻《元典章》中此为通例。因钞书之人，目营手运，未必顾及上下文理，一时错觉，即易将本行或次行同样之字句，误认为已经钞过，接续前钞，遂至脱漏数字数行而不知。此等弊端，尤以用行款不同之钞格者为易犯。

其脱漏三数字者，其末字多与上文同：

朝纲一一	"不题说的"下	脱"题说的"三字
台纲二廿二	"每遇照刷"下	脱"仍将前刷"四字
吏二十五	"立嫡长子"下	脱"若嫡长子"四字
吏二廿一	"晏只哥参政"下	脱"敬参政"三字
吏六六十	"一行贴书"下	脱"贴书"二字
兵一二	"行御史台"下	脱"准御史台"四字
	"交打算"下	脱"不交打算"四字

兵一三七	"大小军官"下	脱"首领官"三字
兵一五三	"万户千户"下	脱"百户"二字
新吏七	"钦此"下	脱"除此"二字

其脱漏数十字以上者,其末一二字亦多与上文同:

吏六廿六	五行"令史内"下	脱二十字。末三字亦为"令史内"
吏六四九	背六行"罪及"下	脱二十二字。末二字亦为"罪及"
吏六六五	一行"吏目"下	脱五十四字。末二字亦为"吏目"
兵一十六	二行"决杖"下	脱十八字。末二字亦为"决杖"
兵一廿五	背六行"圣旨"下	脱十九字。末二字亦为"圣旨"
兵一五三	背一行"军人"下	脱二十四字。末二字亦为"军人"
刑十九四十	十行"的人"下	脱七十八字。末二字亦为"的人"
工二十三	背二行"与也"下	脱七十四字。末二字亦为"与也"
新兵三	一行"安下"下	脱二十二字。末二字亦为"安下"
	背十一行"门官"下	脱二十四字。末二字亦为"门官"
新刑四一	十一行"送"下	脱二十四字。末字亦为"送"

第十五　因重写而衍字例

有以已抄为未抄而误衍者：

吏一三四	烧钞东东西库	衍一"东"字
吏六五十	申覆行行省	衍一"行"字
吏八五	将所所关起马圣旨	衍一"所"字
户三八	得讫良书良书	衍"良书"二字
户七十七	并应支不应支不应钱物	末"不应"二字衍
户八六七	一十瓶十瓶以上	衍"十瓶"二字
礼四三	设立蒙古学校事会校事会检到	衍"校事会"三字
兵一二十	如今出来底也有不出来底也有不出来底多有	衍"不出来底也有"六字
兵一三七	照依枢密院条画禁的事理不得违犯仰枢密院条画禁的事理不得违犯仰枢密院	衍"条画"至"枢密院"十四字
兵三三三	背八行"头不换"至"民户里"，三十五字衍	
刑三十二	要了五十定罪犯法司拟旧例失口乱言犯法司拟旧例失口乱言杖一百七下	衍"犯法"至"乱言"十字

新吏四	本部呈先准中书省劄付 本部呈先准中书省劄付	衍"本部"至"劄付"十字

有错看前后行字句而误衍者：

吏一二十	背三行"宁夏府营田大使"七字衍，因五行有此七字也	
礼六二	背九行"营求勾当侵渔"六字衍，因七行有此六字也	
兵一廿一	九行"准中书省劄付"六字衍，因八行有此六字也	
兵一三七	六行"起补转致损"五字衍，因七行有此五字也	

衍字恒在两行接续之间，有特应注意者：

兵一十	福建行省准枢枢密院咨	衍一"枢"字，适在背面第一行之顶
兵一十四	百户牌子头头处	元作"百户牌子头一处"，衍一"头"字，适在次行之顶
刑七十一	执谋丈人潘潘成奸要亲女	衍一"潘"字，适在行顶
刑九二	收受十十七年税粮	衍一"十"字，亦适在行顶

第十六　因误字而衍字例

有误字既经点灭，后人不察，仍旧录存，其误字多在本字上：

吏四一	任满例隔革官员	元作"例革官员"。"革"误为"隔"，既点灭之，后人仍书为"隔革"

吏六四七	其总管府责贡举吏员	"责"字衍。"贡"误为"责",既点灭之,后人仍书为"责贡"
吏六五五	聽本处著耆老上户人等	"著"字衍。"耆"误为"著",既点灭之,后人仍书为"著耆"
吏七七	遇有差务发	元作"差发"。"发"误为"务",既点灭之,后人仍书为"差务发"
户三廿三	今官司检点照户册	元作"检照户册"。"照"误为"点",既点灭之,后人仍书为"点照"
户四十一	偷钱在逃者皆由此而生	元以"在逃"为句,"者"字衍。"皆"误为"者",既点灭之,复行书入
户七二	不全教交割呵	元作"不全交割呵"。书"交"为"教",以为误而黜之,后人遂并书为"教交"
礼一六	各路总管府属萬户府	"属"字衍。"萬"误为"属",既改为"萬",而"属"字仍存
礼四十五	一举人举与考试官	次"举"字衍。"与"误为"举",既改为"与",而误字仍存

卷二　通常字句误例　173

兵三三十	赴都閲关支钞本	"閲"字衍。"关"误为"閲",既改为"关",而"閲"字并存
刑十三	一件有勾当的底人	元作"有勾当底人"。书"底"为"的",以为误而黜之,后人遂并书为"的底"
刑十一十	三月二十三日奉奏	"奉"字衍。"奏"误为"奉",既改为"奏",而"奉"字并存

有误字校改于旁,后人不察,仍将误字书入,其误字每在本字下:

礼四九	做無元體例勾当行呵	"元"字衍。"无"误为"元",校者记"無"字于旁,后人遂并书为"無元"
礼五十	其提举学教授等官	"学"字衍。"举"误为"学",校者记"举"字于旁,后人遂并书为"举学"

有误字不知为误,而疑为脱,仍将误字录存,另加他字者,则又误又衍矣。

吏三十八	历一任者即升教授	元作"历一考即升教授"。"考"误为"者",遂加"任"字
吏三廿六	选拣堪中一名赴药局	元作"赴学","学"字为句。"学"误为"药",遂加"局"而为"药局"

户十四	如今收粮的斜酌比亡宋文思院收粮的斜	"斜"元作"斛"。既误为"斜",遂加"酌"而为"斜酌"
户十一二	合得左右户丝数等物	元作"五户"。"五"误为"左",遂加"右"而为"左右"
刑七八	其在祖父母父母	元刻误"祖"为"在",沈刻不知为误,而疑为脱,既加"祖"字,而"在"字未除

第十七　重文误为二字例

古书遇重文,多作二画,元刻《元典章》重文多作两点,沈刻既改为工楷,故有两点变成"二"字者:

圣政二三一	阔二反馀黨未发觉	应作"阔阔反"
吏三三	耶的哥二的替头里	应作"耶的哥哥"
吏五三二	止于本等官上许进一阶二满者更不在封赠之限	"二满"应作"阶满"
户二十六	于捕盗司二吏内选差不便	应作"捕盗司司吏"
户五十四	取到各二人等备细词因	应作"各各人等"
兵一廿九	蒙古军躯怯薛歹阔二等申	应作"怯薛歹阔阔等"

兵一三一	叔二充阔端赤	应作"叔叔充阔端赤"

亦有误两点为"之"字者：

户三五	站户之籍	应作"站户户籍"

元刻《元典章》重文有作"又"字者，元小字旁写，沈刻改为正写，义遂不明。

吏五十六	应合相沿交割之物一又交讫	应作"一一交讫"
刑十一七	三犯徒者流又而再犯者死	应作"流而再犯者死"

第十八　一字误为二字例

《古书疑义举例》有一字误为二字条，沈刻《元典章》亦有之：

吏七八	小事限七日中事十五日大事一二十日	元作"大事三十日"，"三"字误为"一二"也
户四一	凡婚书不得用猋北语虚文	元作"彝语虚文"，"彝"字误为"猋北"也
兵三十七	兀良一夕根底说者	元作"兀良歹根底说者"，"歹"字误为"一夕"也

亦有二字误为一字者：

户九十三	向前有不交官畝巡行	元作"官人每巡行"，"人每"二字误合为"畝"字也
刑三十六	准江西等处伛密院	元作"行枢密院"，"行枢"二字误合为"伛"字也

第十九　妄改三例

（一）不审全文意义而妄改，其所改必与上下文贴近一二字文义相属，合全句或全节读之，则不可通矣。

圣政一十八	战殁阵亡	元作"战殁病亡"，改为"阵亡"，则与"战殁"义复
圣政一廿二	纵令头目损坏田禾	元作"纵令头疋"，谓牲口也，改为"头目"，则人矣
朝纲一一	城里的百姓每季付着	元作"委付着"，"每"字属上，言百姓们也，改为"每季"，则失其义矣
吏五三二	封赠祖父母并母	元作"封赠曾祖母祖母并母"，本言封赠妇人也，改为封赠"祖父母"，则与全文意义不相应矣
吏六九	生前被车碾死身亡	元作"碾伤身死"，改为"碾死"，则"身亡"二字赘
户六十六	钞料火酒损边或下截	元作"料钞火烧"，改为"火酒"，其义何居
工三三	至今不见吴舜辅缴纳的本末钞两	元作"的本朱钞"，因"本"而改"末"，因"钞"而增"两"，妄也

新刑四三	挏勒官府吏胥要状结	元作"挏勒官吏须要状结",因"吏"而改"胥",因"官"而增"府",妄也
都省通例四	告伊兄宋贤三次少钱钞	元作"宋贤三欠少钱钞","贤三"人名,因"三"而改"次",妄也
都省通例五	有过犯充句容县吏	元作"有过冒充",因"过"而改"犯",妄也

（二）以意义相仿之字而妄改，所改虽与元文意义不甚悬殊，然究非元字、元语，亦不应尔。

"察"改为"查"。"查"为明以后所通行，元时用"查"者尚少。

吏三七	交监察廉访司查知呵	元作"察知"
吏三卅二	从监察御史體查	元作"体察"
户六二	常切纠查外	元作"纠察"

"赇"改为"赃"。"赃"为近代所通行，然元时用"赇"者尚众。

户一四	枉被赃诬	元作"赇诬"本叶凡三见
刑十三	但曾知会行赃	元作"行赇"

"瘗"改为"葬"：

礼三十	官为埋葬	元作"埋瘗"本叶二见
礼三十四	依理埋葬	元作"依礼埋瘗"
刑四卅三	暗行埋葬	元作"埋瘗"

"斛"改为"石"：

刑九四	以致粮石不能尽实到官	元作"粮斛"

刑九五	运粮船户冒支粮石 十石以上 追征粮石还官	元均作"粮斛"
刑九六	失陷短少粮石	元作"粮斛"

"棒"改为"棍"：

刑五十六	用木棍打死张林	元作"木棒"
刑十一—四十	手执杂木棍打伤事主 把执木棍在逃	元作"木棒"本叶三见 元作"木棒"

"姐"改为"姊"，义同而语异矣：

户四七	李伴姊	元作"李伴姐"本叶七见
户五三二	与祖母及姊二人 并姊二人	元作"及姐" 元作"并姐"

"斫"改为"伐"，或改为"砍"。"斫伐""砍斫"，元时常语，沈刻于"斫"字或作空围，或改为"伐"，或改为"砍"，何也！

户八十五	不得□伐	元作"斫伐"
户八廿五	不得侵占□伐	元作"斫伐"
户九十四	毋令百姓砍伐桑枣	元作"砍斫"
刑三九	用砍柴刀将王柳仔砍伤 用砍柴刀将弟王柳 仔砍伤	上"砍"字元作"斫" 上"砍"字元作"斫"
新刑八六	挟雠砍伐伊叔程公 佐柴山松木	元作"砍斫"

"灶户"改为"炉户"。炉、灶似同实异，冶金为炉，煮盐为灶，混而一之，盐铁无别矣。

新吏三六	俱系煎盐炉户	元作"灶户"本叶二见

新户十五	窮暴炉户	
新户三二	芦沥场炉户	
新户三六	军站民匠医儒炉户	元均作"灶户"

其他意义同而言语异之妄改处不少,皆非校刊古籍者所宜出此也。

吏二廿五	是否熟练弓马	元作"熟闲弓马"
吏六四七	催征谷粒	元作"子粒"
户三二	不拘是何投下诸色人等	"不拘"元作"不以"
刑十三廿六	暴露尸骸	"尸骸"元作"骸骨"
刑十九五二	元降式样制造	元作"元降样制成造"
新刑四四	围绕尸场	元作"围裹检场"

(三)以声同义异之字而妄改,在改者固以其所改之字与元文意义无异,而不知其所改实与元文不相合也。

"还"改为"完":

户七十五	随即发完	元作"发还"
	比及回完	元作"回还"
户七廿二	依上追征数足完官	元作"还官"
刑十九八	并行完聚价不追完	元作"追还"

"只"改为"几":

户八五二	若是几两定	元作"只两定"
	几依着已了的圣旨	元作"只依着"
户八六四	务官几依舊额	元作"只依"
户八六五	几要钞两	元作"只要"

"原"改为"缘":

刑十五	亦合缘免	元作"原免"

刑十六	自首者缘其罪	元作"原其罪"
	首缘之条不废	元作"首原"
刑十八	缘其所犯之罪	"缘"元作"原"
	准首缘免	元作"原免"
刑十九	不在缘免之限	元作"原免"

"礼"改为"理"。礼、理古籍通用,然非所论于元。

户四一	须要写明聘财理物	元作"礼物"
礼三三	甚非理制	元作"礼制"
刑十五廿七	代夫出讼有违理法	元作"礼法"

第二十　妄添三例

(一) 不顾上下文义,信笔添入者,大抵似是而非,反成附赘者也。

圣政二三一	其各处洗心革虑	"处"字妄添
礼三廿三	遍行文字样禁约了呵	"样"字妄添
吏五七	准本州知州关切切见省部云云	"关"为当日文移格式之一,诸司相质问曰关,上"切"字妄添,下"切"字为"窃"之省文
刑十三十六	仍关照户部照会	上"照"字亦妄添,校者盖不知"关"之为用也
吏八二	职虽卑近并今故牒	"近"字妄添

吏八十三	诸色户籍地亩若干照文册	"若"字妄添,"干照"为当时常语
户三九	不问罪名轻罪重罪	元作"不问罪名轻重"
户四十五	至元二十四年十月日内	
	大德元年正月日内	两"日"字均妄添
户八九九	折到降真象牙等项香货官物	"项"字妄添
礼四十二	御史试三月初七日	"史"字妄添
刑十五七	设若不从公理断合自下而上	"从"字、"断"字妄添,元以"公"字为句,"理合"当时常语也
新朝纲九	交百姓的每生受的缘故	上"的"字妄添,"百姓每"当时常语也
新户九	书填字样号	"样"字妄添,"字号"当时常语
新兵十五	大宪司牒可照验	"大"字妄添,"宪司"当时常语

（二）所添与元文意义不殊,而非当日元语者。

吏二三十	一百二十个月本条七见	"个"字妄添,元文所无也
户四一	此右式　款帖	五字妄添,元文所无也
户九三	或三四村五村并为一社	"四"字妄添
刑十一三四	萧仁寿所招状词	"状词"二字妄添
刑十二九	朱华一招伏词状相同	"词状"二字妄添

刑十四五	合打一百零七下	"零"字妄添,《元典章》无此也
刑十九二十	今後有私宰馬牛者犯人決杖一百下	"下"字妄添。元制,杖以七為斷。凡稱杖一十七至一百七者,皆曰一十七下、一百七下,若不言七,則不言下,故杖一十、二十以至一百者,皆不言下也。今曰杖一百下,實非律文
刑十九四十	至元鈔一百兩正	"正"字妄添。數目之末加一"正"字,近世通行,實非當時習慣
刑十九四一	計十二種	四字妄添,元文所無也
工一十	製造不依式樣	"樣"字妄添
工二廿一	而今而後遇有禮任官員到來	兩"而"字妄添

（三）刑部卷内有一句添至三四字者,頗似經生之添字解經,有時或較元文意義顯明,然實不可為訓,假令別有所本,亦當注明出處也。

刑十九四	召其親人認識領去完聚	元作"招親完聚",四言成句,而六字妄添
刑十九五	拿獲捉住取訖了招伏	元作"拿住取了招伏",六言成句,而三字妄添

刑十九八	此实为古今之通论也	元作"古今通论也",五言成句,而四字妄添
刑十九九	罪既钦遇圣诏释免	元作"罪经释免",四言成句,而四字妄添
刑十九十	罪既遇诏恩原免	元作"罪遇原免",四言成句,而三字妄添
刑十九十五	比年以来艰实鲜食者	元作"比年缺食",四言成句,而五字妄添
刑十九十八	如遇着必需用此皮货	元作"如遇必用皮货",六言成句,而三字妄添
刑十九二十	充赏钞两仍依条例	元作"赏钱依例",四言成句,而四字妄添
刑十九廿九	若便是依着旧例施行	元作"若便依例施行",六言成句,而三字妄添
刑十九三十	将各人依着旧定条例	元作"将各人依例",五言成句,而四字妄添
刑十九三一	其馀仰依旧定条例	元作"馀依旧例",四言成句,而四字妄添
工一一	每季一呈行省	元作"季一呈省",四言成句,而二字妄添
工一九	皇帝御穿御用的	元作"上位穿的",四言成句,而三字妄添。且"上位"之称,系当时习惯,改曰"皇帝",有类释文矣

工二十一	如今黄河渡司官要他做甚么用	元作"如今河渡司要做甚么用","河渡司"系当日官名,改为"黄河渡司官",有同注解矣
工三四	那人若是有了罪过者	元作"那人有罪过者",六言成句,而三字妄添

第二十一　妄删三例

（一）以为衍文而妄删之者。

户八廿一	仍督各处巡捕官严行巡禁	"官"下元有"司"字
户八七七	一金银铜铁货	元作"金银铜钱铁货"
户八九九	议拟到各罪名	元作"各各罪名"
户九十九	秋暮农工闲慢时分布监督	"分"上元更有"分"字
户十三五	又将砖石地土等物货	"货"下元有"卖"字
礼三十	至无益	元作"至甚无益"
礼三廿二	中书吏部奉中书省劄付	元作"中书吏礼部"
礼四一	本路按察司兼提学校	元作"兼提举学校"
礼四二	龙兴路提学校官	元作"提举学校官"
礼四三	移准江西等行省	元作"江西等处行省"
礼六十二	宣慰廉访司官人每	"慰"下元有"司"字
礼六十七	前贤所撰述保举事迹	"撰"下元有"著"字

刑八十六	百户祝脱木儿	元作"祝脱脱木儿"凡三见

（二）以为无关要义而妄删之者。

礼三一	据汉人旧例	元作"据汉儿人旧来体例"
刑四十	追烧埋银给主	"银"下元有"五十两"三字
刑四二二	更征烧埋银两于十月二十日闻奏过	"银"下元有"五十"二字，"两"下元有"给付苦主"四字，"于"下元有"至元八年"四字
刑六三	法司拟杖八十	"拟"下元有"他物伤人"四字
刑六三	法司拟徒二年	"拟"下元有"折跌支体"四字
刑八十六	因患风湿病	"病"下元有"转添哑中"四字
刑八十八	具呈照详送刑部议拟到下项事理	"部"下元有"酌古准今"四字
刑八十九	大德七年三月	"月"下元有"十六日"三字
刑八廿一	至大四年十一月	"月"下元有"初四日"三字

（三）以为公牍例行字句而妄删者。圣政、台纲卷内之"肃政廉访司"，多删去"肃政"二字；刑部八、九卷内之圣旨，多删去"那般

者么道"五字。不知翻刻古籍与编撰史籍不同,编撰史籍,贵有别裁;翻刻古籍,应存本色。况"那般者么道",元代方言,信笔涂删,语意全失矣。

圣政一十九	监察御史廉访司	
圣政二十三	从廉访司纠弹	
圣政二廿七	廉访司详加覆审	
台纲一五	监察每廉访司官人每	
台纲二十一	各道廉访司	"廉访司"上,元均有"肃政"二字
台纲二三	仰按察司究治	"按察司"上,元有"提刑"二字
台纲二四	仰依理施行	"仰"下元有"提刑按察司"五字
刑一九	两个根底商量了奏呵圣旨有来	"了"下元有"奏那"二字,"呵"下元有"那般者么道"五字
刑八七	怎生奏呵圣旨了也	"怎生"下元有"么道"二字,"奏呵"下元有"那般者么道"五字
刑八八	怎生么道奏呵圣旨了也	"呵"下元有"那般者么道"五字
刑八九	又依前勾当里行么道	"么道"下元有"说呵"二字
刑八十	么道奏呵圣旨有来	"呵"下元有"那般者么道"五字

刑九十一	怎生奏呵圣旨了也	"怎生"下元有"么道"二字,"呵"下元有"那般者问去者么道"八字

又有公牍末复述之文,被删去一大段者,均非翻刻古籍所应尔。

刑二七	背十三行"都省"下,删去六十二字
刑三卅六	背十行"议得"下、"合准"上,删去八十八字
新刑六一	五行"叙用"下、"相应"上,删去一百零六字

第二十二　妄乙三例

（一）不知古语而妄乙,失其意义者。

户七八	依添上答价值	元作"依上添答价值",不谙"添答"方言,妄乙为"添上"
户七十七	周岁二年销祗应	元作"二周岁年销祗应",不谙"年销"用语,妄乙为"二年"
户七十八	今年後销粮内	元作"今後年销粮内",不谙"年销"用语,妄乙为"今年"
户八八三	路府州县司	元作"司县",不谙"路府州司县"等第,妄乙为"州县"

户九十八	这圣旨宣谕这般了呵	元作"这般宣谕了呵"
户九二十	勸司农官吏	元作"劝农司官吏",不谙"劝农司"官制,妄乙为"司农"
新兵十一	整治赤站本叶二见	元作"站赤",不谙"站赤"专名,妄乙为"赤站"

（二）习见常语而妄乙,失其意义者。

台纲二四	所用饮食火油纸札	元作"油火",因习见"火油"二字而妄乙之
吏二十六	亲赍文解及祖父原受的宣敕	元作"父祖元受的宣敕","父祖"谓父与祖,妄乙为"祖父",则单指祖父矣
吏五十九	虽有过失起数 过失盗贼数多 开写任内过失强窃盗贼	
吏五二十	遇有过失强窃盗贼三限不获	元均作"失过","失过"与"过失"不同,"失过"动词,"过失"名词
吏七九	首领官执覆不许从直申部	元作"首领官执覆不从,许直申部",因习见"不许"二字而妄乙之
户八廿六	场官知情卖货者	元作"货卖者",因习见"卖货"二字而妄乙之

户八一〇五	经由河汾岸东	元作"汾河",因习见"河汾"二字而妄乙之
工二廿一	如今大圣萬寿安寺里	元作"大圣寿万安寺",因习见"万寿"二字而妄乙之

(三) 所乙虽与元义不殊,然究非当日元文者。

户七三十	已征在典主手者	元作"主典"
户八十五	许诸人首告到官	元作"告首"
刑三廿四	用刀割去囊肾	元作"割囊去肾"
工三七	如或理词翻异	元作"词理"
新刑三四	不即受理被劫情词	元作"词情"
新刑四二	变易元告情词	元作"词情"

卷三 元代用字误例

第二十三 不谙元时简笔字而误例

王念孙校《淮南子》,有因俗笔而误一条。元刻《元典章》简笔字最多,后来传钞者或改正或仍旧,各本不同,惟沈刻则大率改正,间有不知为简笔而误为他字者。

(一)"無",元刻《元典章》多作"无",故沈刻辄误为"元"。

卷叶
吏三九　　元粘带解由
吏六七　　甘伏元词
礼三十四　　别元恶心
兵三三　　元體例的
刑九十二　　元棣县主簿
刑十九四八　　使元徒之类转相仿效
刑十九四九　　一等元图小人
新刑五　　下路里元治中　　　　"元"均应作"无"

无粘带者,谓无侵欺粘带不了事件,解由犹今公文,解由体式,见《典章》吏部五给由类。官吏任满,例得给予无粘带解由,以便迁转。无图犹言无赖，亦作无徒，今误作元，不知为何语矣。

"元""原"二字，明以后通用。"无"既误"元"，又改为"原"，其失愈远。

吏二十三	原粘带解由	
吏二十四	原解由	
吏二十九	别原入流之例	
吏四五	合原在家聼候	
吏五廿三	若原文案者似难追究	
刑三二	原由搬取	"原"均应作"无"

更有误"无"为"员"者，由"无"误"元"，由"元"改"员"也。

吏二十三	委员相应人员	本作"委无"

又有误"无"为"尤"者：

户五九	尤得冒占	本作"无得"

至于"撫州"简写为"抚州"，故沈刻辄误为"杭州"，元抚州路属江西行省，杭州路属江浙行省，不应相混也。

吏八六	杭州等路木绵白布	
兵一廿二	杭州路民户黎孟乙	
新兵十五	准江西廉访司牒杭州路牒呈	
新刑四六	江西行省劄付近据杭州路申	"杭州"皆本作"抚州"

亦有误"抚"为"抗"者：

吏五二十	抗治百姓理断词讼	本作"抚治"

（二）"着"，元刻《元典章》多作"着"，故沈刻辄误为"省"，又误为"自"，又误为"看"。

圣政一五	依省立廉访司以来

台纲二八	依省初立按察司行来的	
	圣旨體例里行者	
吏二九	依省在先圣旨體例	
吏三十一	依省他每说	"依省"皆应作"依着"
朝纲一二	分省办呵	
台纲二八	體察省拿住呵	
吏二廿一	当更循省體例	
吏二廿六	闲喫省俸钱	
户十一四	将百姓每田地占省	
礼四八	省属孔夫子的田地	
兵三五一	据杨州路省落本官追陪讫	"省"皆应作"着"
户一十二	遇自种田的时月	
户八五二	交他每商量自改了者	
礼三十一	依自在先薛禅皇帝	
礼四九	朔望祭祀自	"自"亦皆应作"着"
	那底每根底养济看	"看"亦应作"着"

（三）"體"，元刻《元典章》多作"体"，故沈刻辄误为"休"。

台纲二十一	众百姓的疾苦休知呵	
台纲二十四	休察勾当行者	
吏七四	官吏聚会休例	
户八四八	则依那休例里行	"休"均应作"体"

有误"体"为"本"者：

户八五六	官人每依本例察者	
兵三五二	他的没本例的奏将来	
刑二二	依本例用杖子	"本"均应作"体"

（四）"舊"，元刻《元典章》多作"旧"，沈刻辄误为"田"。

户一十三	新田官交代的时分	
户五廿一	照得田例二十三叶同	
兵一十二	依田各归本奕	
兵一廿四	若与田管全奕军人	"田"皆当作"旧"

又一句之中，有"田"有"旧"，沈刻悉改为"田"。

| 户一十二 | 新田官遇着种田的时月
交代了 | 上"田"字应作"旧" |
| 户一十二 | 官员职田田例 | 下"田"字应作"旧" |

（五）"廳"，元刻《元典章》多作"厅"，故沈刻辄误为"所"，或误为"行"、为"斤"、为"片"、为"作"，校者盖不知"厅"之为"廳"也。

| 礼一一 | 卷班就公所设宴而退
迎引至于公所置位 | |
| 礼一九 | 及诸僚属相见于所前
如闲官就本宅正所 | |

上所举"所"，皆本作"厅"，校者以意臆改为"所"。"公厅""公所"，义似可通，然当时实称"公厅"，不称"公所"。

礼一九	与所差官相见于行前	"行前"元作"厅前"
礼三十八	准太常寺关送博士斤照 拟得	"博士斤"元作"博士厅"
户八八六	户部备主事片呈	"主事片"元作"主事厅"
刑十五廿六	当片口告	"当片"元作"当厅"
吏六六	当作勒令认过小注	"当作"元作"当厅"

更有误"厅"为"锁"者：

刑二七　　兼夜跪锁　　　　　　元作"兼夜跪厅"

"厅"何至误"锁"？盖先误为"所"，校者习闻私刑审讯有跪锁之条，遂臆改为锁也。然跪锁是否为元时私刑所有，尚待考证。甚矣校书之不易也。

又"聽"之简写为"听"，故"聽"亦有误为"所"者：

礼四一　　　并所入学　　　　　　元作"并听入学"
兵三廿八　　所除人员　　　　　　元作"听除人员"
刑十五三六　别所委官推理　　　　元作"别听"

（六）"阙"，元刻《元典章》多作"闻"，故沈刻辄误为"闻"。

吏二四　　　省闻转同　　　　　　元作"有阙转用"
吏二三二　　改设名闻照会之任
吏四一　　　拟定可任名闻呈省定夺　"名闻"元均作"名阙"

亦有误"阙"为"开"者：

吏六六三　　已後有开合令各处选择　元作"有阙"
刑十九九　　江淮百姓开食　　　　元作"阙食"

亦有误"阙"为"闲"、为"关"、为"门"者：

吏二三十　　久占闲名不行离役　　元作"阙名"
兵三廿四　　在先与的牌子关少　　元作"阙少"
刑五十六　　因为门少柴薪烧火　　元作"阙少"

更有误"阙"为"文"者，由"闻"误"闻"，由"闻"改"文"，皆由不谙"闻"之为"阙"故。

吏二十　　　凡干总管官司不许有文　元作"有阙"

（七）"虧"，元刻《元典章》多作"亏"，故沈刻辄误为"污"。

| 户四十二 | 盖取永无污蔽不易之谓 | 元作"亏蔽" |
| 户七十五 | 别无污官损民 | 元作"亏官" |

亦有误"虧"为"弓"者,校者盖不料元刻"虧"之作"亏"也。

| 新户十七 | 如有沮坏弓兑 | |
| 新户廿二 | 两浙盐课目下弓兑 | "弓兑"皆应作"亏兑" |

（八）"边",元刻《元典章》多作"迲",沈刻或误作"道",或作□,或作"迁",或作"途",校者盖不识"迲"之为"边"也。

户八二	一随处河道	元作"河边"
户八十五	一随处河□	元作"河边"
刑三五	注迁远一任叙用	元作"边远"
刑十九八	按连途陲	元作"边陲"

（九）"钱",元刻《元典章》多作"夂",沈刻或误为"久",或误为"名",或误为"劣",文义皆不可通,不敢谓校者不谓"夂"字,校者盖不料元刻竟用俗字也。

吏五廿五	勒取久物	元作"钱物"
刑五九	至大银钞与新舊铜名	元作"铜钱"
刑八廿二	其赃俱于受劣名下追征	元作"受钱"
	侵使增馀额外劣数	元作"钱数"
户六四	其工墨不正依舊例	元作"其工墨钱止依旧例"。误"钱"为"不",又改"止"为"正",一若"工墨不正"为句也

又有改"钱"为"物"者,文义虽可通,校者究未知其本为"钱"字也。

新刑七一	未纳赃物	元作"赃钱"

（十）"愿",元刻《元典章》多作"亘",沈刻辄误为"原",或误为"厚"。

户四四三	若委自原聽改为妾	元作"自亘","亘"即"愿"之省
户四四六	舍不痛资财买不厚之乐	元作"不愿之乐"
户五廿一	若不原者限三日批退	元作"若不愿者"

（十一）"勸",元刻《元典章》多作"劝",沈刻辄误为"功",或误为"切"。

吏一三九	功农司	元作"劝农司","劝"即"勸"之省
户九八	一切教本社人民	元作"专一劝教本社人民"
新吏廿七	庶可激功于将来	元作"激劝"
新户二十	無以激功	元作"激劝"

其他简笔误字尚多,校《元典章》者不得不先研究元时简字也。

圣政一十四	以勉力宣明为职	元作"勉励","励"即"勵"之省
户八四五	私盐一十二抚	元作"十二拣","拣"即"擔"之省
户八四六	见有男子挑抚私盐	元作"挑拣私盐"
户九一	又不存留又粮	元作"义粮","义"即"義"之省
户十一	方许还我	元作"还戠","戠"即"職"之省

兵三廿八	劄上官员	元作"礼上",由"札"误"劄"
新礼三	移准中书劄部关	元作"礼部"
刑四十七	时常将伊弁逐打骂	元作"弃逐","弃"即"棄"之古文
刑四廿五	收豪兼并之家	元作"权豪","权"即"權"之省
刑四廿八	收令史不行送官	元作"权令史"
刑十六三	自合研究磨问	元作"研穷","穷"即"窮"之省

第二十四　以为简笔回改而误例

元刻《元典章》既多简笔字,有非简笔沈刻误为简笔而改之者,有他简笔沈刻误为彼简笔而改之者。

(一)"休"改为"軆",试一举例,其数殊可惊也。

吏二廿九	今後軆那般折算
吏三八	军官軆差占
吏五二	做军官来的軆管民者做民官来的軆管军者
吏五五	如自愿軆闲者
户六八	钞本軆擅支动
户六廿三	奉圣旨禁軆行使
礼一七	軆交吃肉者
兵三四	如今軆交通政院管

兵三三五	體送纳来者	
刑三三	體委付呵	
新朝纲八	不拣谁體入去者	

上所举"體",元均作"休",而悉误为"體"者,盖以"体"为"體"之简笔,遇"体"即改,遇"休"亦改,不顾上下文义,而《元典章》遂为难读之书矣。

更有觉其不可通,而并改他字,或增加他字者:

户九八	按察司體例者	元作"按察司休刷者"
礼三十	體例宰杀者	元作"休宰杀者"

"休刷""休宰杀",本不难明,改为"體例",其义云何!

（二）"元"改为"無",例亦不少,以"元"为"无",回改为"無"也。

吏三廿九	無设都目人吏管勾
吏五七	至元八年無定职官之任
吏六三	追获無盗赃验小注
吏六八	委是本家無逃驱奴
吏六八	某处無被伤损
刑三廿五	将女子丑哥無穿衣服脱去
新户四三	验無价收赎将地归还元主
新刑五	须具無问并平反各各缘由　"無"皆本作"元"
刑四十四	無情缝补襆裆　"無情"本作"元倩"

又有"九"改为"無"者,误"九"为"无",而回改为"無"也。

新吏三六	舊例無十个月考满　"無十"本作"九十"

（三）"札"改为"禮"。"禮",元刻《元典章》多作"礼",沈刻悉回改为"禮","札"形与"礼"近,故沈刻或并改为"禮"也。

卷三　元代用字误例

户四十七	禮付本路照驗	元作"札付"
工二十四	据省委官禮法等呈	元作"札法"札法人名
户八六三	大德四年九月奉省禮	元作"省札"
兵三二	元奉省禮	元作"省札"

又有误"劄"为"禮"者，"劄""札"二字，《元典章》通用，先写"劄"为"札"，遂改"札"为"禮"也。

新礼三	各役虽微俱受省禮	元作"省劄"

（四）"省"改写"著"。误以"省"为"著"之简笔，而回改为"著"也。

吏四十	著部议得	元作"省部"
户八五三	河南著官人每	元作"河南省"
新刑七四	恁著官人每	应作"您省官人每"

又有改"省"为"著"后，觉其文义不可通，而并改他文以就之者：

兵三四四	其在甘肃四川依著例应付脚力	元作"四川省依例应付脚力"，"省"误为"著"，义不可通，乃改为"四川依著例"，校者似未知"省""著"二字常常互误也

（五）"田"改为"舊"。误以"田"为"舊"之简笔，而回改为"舊"。

户五三三	归还舊主	元作"田主"
	勸谕舊主	元作"田主"
户八四一	发付边远屯舊	元作"屯田"

（六）"处""据""外""逃"四字互误。因四字简笔形相似，故辄误改也。

圣政二三十	如今外据行省所辖路分里	元作"外处"
吏六三四	处各道廉访司	元作"拠各道"
吏八十三	然後给处发遣	元作"给拠"
兵一四三	除柴米衣装依时支给逃	元作"支给外"
刑十二四	处驱王再兴	元作"逃驱"

其他非简笔误认为简笔而改之者：

户六十二	并行取擡论罪	元作"取招"，误"招"为"抬"，遂改为"擡"
户七四	若依行省聼拟	元作"所拟"，误"所"为"听"，遂改为"聼"
户九七	申覆上司窮治	元作"究治"，误认为"穷"，遂改为"窮"
兵二五	弓手节级雠再立状呈	元作"仇再立"，是姓非简笔
兵三廿九	远方病故官属回还脚邊	元作"脚力"，误"力"为"边"
刑二七	背瘠项豒	元作"背脊项尳"。尳，徒念切，支也。"鹽"省为"盐"，遂改"尳"为"豒"
刑三五	继母黨氏	元作"党氏"，本非简笔

卷三　元代用字误例　　　　　　　　　　　201

户五十五　　　伴哥母阿於　　　　　　元作"阿于",是姓非简笔

刑七十五　　　刁奸路贵妻於都声　　　元作"于都声",亦非简笔

新刑四七　　　佃户程萬二　　　　　　元作"程方二",误"方"为"万",遂改为"萬"

又有以他简笔误为彼简笔而改之者：
户七六　　　　六勺二抄二攇二圭　　　元作"二扠二圭"
　　　　　　　八合八抄五攇五圭　　　元作"八勺八抄五扠五圭",扠为"撮"之省,误认为"权",遂改为"攇"也

第二十五　不谙元时译音用字而误例

（一）"歹"字,蒙古语命名尾音多有"歹"字,人名、部族名、宫卫名皆然,或作"䚟",或作"带",或作"台",无定字,惟沈刻《元典章》多误作"夕"。

吏六四二　　　除将江忙兀歹
兵一廿五　　　蒙古都萬户囊家歹
兵一廿七　　　千户塔不歹呈
　　　　　　　根随忙古歹迤南出军去

| 兵一廿九 | 怯薛夕断事官 | |
| 刑十五三一 | 不怜吉夕等 | "夕"均当作"歹" |

亦有误"歹"作"久"者：

| 吏二二十 | 监察御史乃蛮久承事等 | |
| 吏三三 | 和林塔二儿久等处 | "久"均当作"歹" |

又有误"歹"为"反"、为"了"者：

| 吏七三 | 镇江路总管府忙各反 | 元作"忙古歹" |
| 户八六五 | 心舍了儿说 | 元作"心舍歹儿" |

又有漏去"歹"字者：

| 兵一三 | 不怜吉那的每 | 元作"不怜吉歹那的每" |

又有误"歹"为"一"者：

| 礼四一 | 于随朝百官怯薛一蒙古汉儿官员 | 本作"怯薛歹" |

更有误"歹"为"留"者，则涉上文而误，上文有"留状元"，是亡宋状元留梦炎，而囊加歹则蒙古人也。

| 户八七二 | 去年赛因囊加留状元等题说 | 本作"囊加歹" |

（二）"斡"字，如"斡脱""斡端""斡耳朵"之类，沈刻多误为"幹"。

户六五	营运幹脱公私钱债	
兵二三	达达畏吾儿回回幹脱	
兵二四	做买卖去的幹脱每此条凡二见	"幹脱"皆应作"斡脱"

吏三三	斡端别十八里	
兵一廿五	斡端等远处出军	"斡端"皆应作"斡端",谓和阗也
圣政一一	就皇太子斡耳朵里	
礼一八	斡耳朵里奏准	"斡耳朵"皆应作"斡耳朵",《元史·太宗纪》作"斡鲁朵",《元秘史》三作"斡儿朵",谓行宫也

（三）"赤""亦""木""术"等字，沈刻多互误。有"赤"误为"亦"者：

兵一四九	枢密院通事阿八亦状招	元作"阿八赤"

有"亦"误为"赤"者：

吏二三四	玉速赤不花	元作"玉速亦不花"
新刑六二	赤剌马丹等	元作"亦剌马丹"

有"术"误为"木"者：

户十三二	木烈大王位下	元作"术烈大王"
新兵六	商议院事的千奴散木歹	元作"散术歹"

有"木"误为"本"者：

刑八十一	本剌忽	元作"木剌忽"

（四）"拔都"为蒙古勇士之称，犹清人之"巴图鲁"，《元史》习见之，沈刻亦有误者，且有同在一叶，而所误不同者：

兵一十二	合必赤投都军人	"投"应作"拔"
	如遇出军必用合必赤绂都儿	"绂"亦应作"拔"

| 新兵七 | 大都有的高扳都儿 | "扳"亦当作"拔" |

又有"拔"字不误,而"都"字误为"多"者:

| 兵一三十 | 阿术鲁拔多男刬都儿 | 元作"拔都男怯都儿","都""多"音虽近,然元本实用"都",不应误作"多"也 |

第二十六　用后起字易元代字例

翻刻古籍,与翻译古籍不同,非不得已不以后起字易前代字,所以存其真也。沈刻《元典章》昧乎此,故明明元代公牍,而有元以后所造字羼入焉。

最著之例为"赔"字。"赔"字后起,元时赔偿之"赔",均假作"陪",或作"倍"。沈刻以为误,辄改为"赔"。

户八三	当处官司赔偿
户八六	定勒判署官吏赔偿治罪
户八九六	亦已着落务官追赔到官
刑五九	无财可赔此条凡三见
刑九七	亦勒均赔此条凡三见
刑九三	钱赔不起呵此条凡四见	"赔"元均作"陪"

其次为"账"字。"账"字后起,账目之"账"、帐幕之"帐",元均作"帐"。校者习见近世"账房"二字,并改帐幕之"帐房"为"账房",至为可笑。

吏七九	谓须计算簿账小注	元作"簿帐"
户五廿一	皆从尊长画字立账	元作"立帐"
刑十一十九	资囊行李尽随车辆账房居止	元作"帐房"

其次为"僱"字。"僱"字后起,元刻通作"雇"。沈刻户部各条有改为"顾"者,虽失本来,犹存古谊;兵部、刑部各条多改为"僱",则非元时所宜有。

兵一十六	军户和僱和买	
兵一廿五	探马赤军和僱和买三见	
兵一三五	依例除免和僱和买二见	
刑十九十二	禁典僱	
	立契僱与彭大三使唤	
	自愿将妻典僱	"僱"元均作"雇"

其次为"毡"字。"毡"字后起,元刻作"氊",简作"毡",或作"毡",不作"毡"也。沈刻多改为"毡",并"毯"字亦改为"毡",不知氊、毯固异物也。

兵三十三	稍带毡袋行李皮箧子	元作"捎带氊袋"
兵三十七	偷盗番布皮球毡袜等	元作"皮球氊袜"
兵四二	毡袋油绢夹板	元作"毡袋"
工二十六	公廨铺陈氊毯	元作"毯氊",可知毯、氊非一物矣
新刑十四	花毡衣物	元作"花毯"
新兵六	收买硝硝毛毡等物	元作"毛氊"

其次为"袄"字。"袄"字后起,元刻作"襖"。沈刻多改为"袄",乃

一特例,因元刻用字,概趋于简,沈刻用字,概趋于繁,"襖"之改"袄",适得其反。校者习见近世"袄"字通行,而不知其非元时所有,假定元时有"袄"字,则《元典章》必不用此笔画繁重之"襖"字矣。

刑二十三　　　成造絮袄一领
刑三卅八　　　披着袄子
刑四十九　　　糨下袄子一个
刑八卅三　　　四十四领胖袄　　　　"袄"元均作"襖"
工三三　　　　衲袄二百领　　　　　"袄"元作"襖"

"灶"字亦后起,元刻多作"竈"。沈刻有改为"灶"者,假定元时有"灶",元刻必不用"竈"。

刑三卅五　　　于灶窝内　　　　　　元作"竈窝"
新刑三二　　　庆元路定海县灶户　　元作"竈户"

"晒"字亦后起,元刻本作"晾",或作"曬"。改"晾"为"曬",犹可云二字当时通用;改"晾"为"晒",则非元时所应用,因"晾"繁而"晒"简,假定元时有"晒"字,元刻必不用"晾"。

刑四三二　　　于日头内炙晒　　　　元作"炙晾"

"酪"字、"碗"字亦后起:

兵三十三　　　马奶子饼酪　　　　　元作"饼酩"
刑三六　　　　将小豆一碗　　　　　元作"一椀"

第二十七　元代用字与今不同例

有字非后起,而用法与古不同,翻刻古籍,不应以后来用法之

卷三　元代用字误例

字用之古籍也。

　　元时称人之多数辄曰"他每",犹今称"他们"也。浦本《史通·杂说》云:"渠们底个,江左彼此之辞。"似"们"字古已有之。南宋人用"们",或用"懑",然元时实通用"每"。今沈刻《元典章》恒改为"们",不睹元刻,几疑"们"字为元时通用也。

圣政一五	将他们姓名申台者	
户八五八	若拿住他们做贼说谎的呵	
刑八十	只依舊交管着他们的上头	"他们"元均作"他每"
户十十三	有的俺们官观里住的先生每	元作"俺每"
刑十一十五	依着您门商量来的文书者	"您门"元作"您每"
新朝纲五	要肚皮的歹人们厮仿效着	元作"歹人每"
新朝纲七	教百姓们哏生受	元作"百姓每"

　　原免之"原"与元来之"元"异,自明以来,始以"原"为"元",言板本学者辄以此为明刻、元刻之分,因明刻或仍用"元",而用"原"者断非元刻也。今沈刻《元典章》,"元"多改为"原",古今用字混淆,不几疑明以前已有此用法耶!

户三十	原议养老女婿	元作"元议"
户四二十	所据倪福一原下财禮	元作"元下"
刑八四	亲随受钱着落原主	元作"元主"

"抄""钞"二字古通用，然元时以楮币为钞，习久遂以钞为楮币专名，抄为誊写专名，凡元代公牍上抄到某年劄付，均作"抄"，不作"钞"。今沈刻辄改"抄"为"钞"，意义不殊，面目全失。

新户五四	钞到大德十年八月中书省劄付	
新兵十五	钞到延祐五年云云	元均作"抄"

又现代之"现"，古皆作"见"，近世借"现"为"见"，乃以"见"为视专名，"现"为现代、现时等专名，习惯自然，忘其假借，然元时此等用法尚未通行，翻刻古籍，应存其旧。

户三卅五	现充军户	元作"见充"
户九十三	亲舊现在切恐怠惰	元作"新旧见在"

又有不识"见"义而改为"儿"者：

户三十九	兄郑大儿充军户	元作"兄郑大见充军户"

又有不识"见"义而妄乙之者：

户七十七	依准所拟定见数目	元作"见定数目"

又"规避"元作"窥避"：

吏四二	别无规避	
吏五六	别无规避	
新吏十九	中间有无规避	元均作"窥避"

"仔细"元作"子细"：

刑五四	仔细检验	
刑五五	必须仔细推鞠	元均作"子细"

"跟随""跟寻"，元均作"根"。"跟"字虽非后起，然当时实用"根"不用"跟"。

刑十九三七	禁富户子孙跟随官员	
新刑廿七	跟随顾同祖到大街无人处	元均作"根随"
刑七十八	我跟你去	元作"根你"
	跟逐刘提举寻觅勾当	元作"根逐"
刑十五十四	跟捕不获者	元作"根捕"
刑十九四四	一同跟捉	元作"根捉"
新刑四二	亲家刘三牛处跟寻	元作"根寻"

鎗，钟声也，元时"枪"从"木"，不从"金"，金义后起。

兵二四	禁递铺铁尺手鎗	元作"手枪"此条三见
兵二十一	环刀箭只鎗头等物	"环"元作"镮"，"鎗"元作"枪"

"绸"字古有之，然元时"丝紬"之"紬"不用"绸"，以"绸"为"紬"，起于元后。

工一四	织造丝绸	元作"丝紬"
工一十	粉饰绢绸	元作"绢帛"
工一十一	段疋纱罗绸绫本叶凡二见	"绸绫"二字衍

"缎"字古有之，然元时"紬段"之"段"不用"缎"。

户四十五	陆千五裙缎等物	
户七十	仍将缎疋等物	
刑十二一	收买缎子	
新兵十四	毛子哈丹缎疋等物	"缎"元均作"段"

"邱"字古有之，然姓不从"邑"，"丘陇"之"丘"，亦不从"邑"。姓之从"邑"，避孔子讳，亦后起，元时不尔也。

礼三十五	邱陇弥高	元作"丘陇"
新刑四二	县尹邱恢状招	元作"丘恢"

又"分付"二字与"丁宁"二字不同,"丁宁"亦作"叮咛",古本通也;"分付"作"吩咐",盖后起。"吩"字、"咐"字,虽为古所有,然其义与"分付"不同,元时只用"分付",不用"吩咐"也。今元刻"丁宁",沈刻改为"叮嘱",未尝不可。

户九六	叮嘱教训	元作"丁宁"

惟元刻"分付",沈刻率改为"吩咐",则不可矣。

吏四九	或治下吩咐公事	
户四四七	吩咐赵百三扬于江内	
户五三一	将文状吩咐湖南道宣慰司	
兵五二	即仰吩咐合属为民	元均作"分付"

其他用字,意义不殊,而非元字者:

吏二十七	承袭的体例狠低	元作"哏低"
户七一	随时出给官户硃钞若物不到官而虚给硃钞者	元均作"朱钞"
刑十九五三	禁约划掉龙船	元作"撑掉"本叶凡三见
新刑廿九	于王二姐床上揣摸到藤箱一只	元作"一隻"

卷四　元代用语误例

第二十八　不谙元时语法而误例

《元典章》语体圣旨,多由蒙古语翻译而成,故与汉文法异,其最显著者,常以"有"字或"有来"为句,沈刻辄误乙之,或竟删去,皆不考元时语法所致也。

卷叶			
圣政二二	其间有的站赤自备首思又有哈剌张和林		元以"自备首思有"为句,"又哈剌张"云云,妄乙为"又有"
户六十二	费了脚钱今有後那里的		元以"费了脚钱有"为句,"今後"云云,妄乙为"今有"
刑十三九	巡禁的勾当怠慢了有如今後有司官云云		元以"怠慢了有"为句,"今後"云云,妄添"如"字,为"有如今後"
刑八九	撒下军逃走		元作"逃走了有",今妄删去"了有"二字

兵三四二	田地远么道不肯来如有今怎生般来的云云	元以"不肯来有"为句,"如今"云云,妄乙为"如有"
兵三四四	满月回来的站船里来又有圣旨里宣唤的云云	元以"站船里来有"为句,"又圣旨"云云,妄乙为"又有"
吏四十五	世祖皇帝行了圣旨有近来年行台云云	元以"圣旨有来"为句,"近年"云云,妄乙为"近来"
户十一	其馀差役蠲免	"蠲免"下元有"有来"二字
兵三四一	都骑坐铺马	"铺马"下元有"有来"二字
兵三五	不曾与来的也有么道奏知	元作"么道奏来",妄改为"奏知"
新兵十三	不肯交将出去近来间哈剌出人每殁了呵	元以"交将出去来"为句,"近间"云云,妄乙为"近来"
吏二十八	迁上者去钦此	元作"去者",妄乙为"者去"
吏三十六	都省里说了者去钦此	元作"去者",妄乙为"者去"

第二十九　不谙元时用语而误例

凡一代常用之语言，未必即为异代所常用，故恒有当时极通用之语言，易代或不知为何语，亦校者所当注意也。

最显著者为元代"他每""人每"之"每"字，其用与今之"们"字同，而沈刻《元典章》辄改为"每每"，是不知"每"之用与"们"同也。

户八七四	市舶司官人每每百姓每	
刑十九四十	不通医药的人每每合假药街市货卖的	
刑十九四一	不畏官法的人每每当街聚众	
兵一三六	他每每的言语是的	
刑十五四四	他每每遮盖着自己的罪过	
刑十九十七	他每每识者别了	
刑十九四五	他每每所管的地面里	"每每"元均单作"每"
兵一三二	萬户海奏将来	"海"元亦作"每"

其次为"您"字。"您"是元时第二人称之多数，蒙古汗对大臣恒用之。《元秘史》单数称"你"，多数称"您"。今沈刻《元典章》辄改"您"为"你"，非当时语意。

户八五六	依着你的言语者
户八五八	如今依着你的言语许你便交拿着问呵
户八六六	你理会得那般行者

兵一四五	奉圣旨你议者	
	依着你的言语里便行者	
兵二二	问火鲁火孙丞相你在前	
	禁约着来么	
兵二十	你道的也依着你商议的	
	行者	
兵五七	依你商量来的	"你"元均作"您"

又"您"虽为多数，然《元典章》"您"下恒有"每"字，叶刻《元秘史》续集一第二十六叶，亦偶一见之，沈刻《元典章》辄改为"你每"。

户八六七	你每收拾者	
兵五七	着落你每么道	元均作"您每"

其次为"哏"字，亦元时常语，犹言"甚"也。今或作"狠"。沈刻多误作"限"，或作"艰"，盖不知"哏"之为用也。

朝纲一二	事务艰多	元作"哏多"
吏四十一	省家的选法限外了	元作"哏坏了"
户八五六	煎盐的灶户限生受有	元作"哏生受"
兵一三二	气力限消乏了	元作"哏消乏"
刑二十九	限迟慢着有	元作"哏迟慢"

其次为"覷"字，亦元时常语，沈刻辄误为"亲"，盖不知"覷"之为用也。

台纲二十一	交休亲面皮	
吏二九	如今蛮子田地里亲着呵	
吏二廿六	不及七十岁的我亲么道	
	圣旨有来	"亲"元均作"覷"

又"取勘""照勘""追勘",皆元时公牍常语,今沈刻于吏部各条,则误"勘"为"堪"。

| 吏三十九 | 取堪到名贤书院 | 元作"取勘" |
| 吏三二十 | 照堪类选年甲 | 元作"照勘" |

于刑部各条,则改"勘"为"审"。

刑十一三四	取审元盗马匹	元作"取勘"
刑十一三七	本省行下照审	元作"照勘"
刑十一四六	依理追审归结	元作"追勘"
刑十二二	合咨行省照审	元作"照勘"
刑十二八	追审间钦遇诏恩	元作"追勘"

于新集各条,则改"勘"为"看",盖不知"勘"之为用也。

新刑六六	各道廉访司照看	元作"照勘"本叶二见
新刑六八	体看是实	元作"体勘"
新刑六九	合属招看	元作"照勘"
新刑七三	官吏枉看枉禁	元作"枉勘枉禁"本叶三见
新刑七五	虽未看会完备	元作"勘会"

又"斟酌",元时常语,今尚通行,沈刻则辄改为"勘酌",不知何故。

台纲二廿三	就便勘酌断者	
吏六四九	勘酌远近	
刑十一四六	或勘酌收赎	
新户一	随路府州司县官员勘酌 本叶凡二见	
新户四	其馀轻罪临时勘酌	元均作"斟酌"

又"约量",元时常语,沈刻辄改为"酌量"。

户四廿三	酌量罚棒	
户五二	就便酌量断罪	
礼三二十	拟合酌量添给	元均作"约量"
工一十一	于犯人名下计约酌量追偿	"计""酌"二字衍

又"黜降""黜罚""黜罢",亦元时常语,今沈刻多误"黜"为"点"。

吏五二十	开写作例点降	元作"黜降"
吏八六	验轻重点罚	元作"黜罚"
户九二十	依理责罚点罢	元作"黜罢"
兵一十九	逼令逃亡者断罪点降	元作"黜降"
新兵九	合无追征点降	元作"黜降"

于新集各条,则改"黜"为"斥",似不知"黜"之为用也。

新刑三五	于解由内开申斥降	
新刑六四	合无追征斥降	
新刑六五	未审合无斥降依例斥降	
新刑六六	或斥降殿叙	
新刑六七	合无追征斥降	
新刑七一	合无一體追征斥降难拟斥降殿叙	元均作"黜降"

"礼任",元时常语,沈刻辄改为"理任"。

吏四十	即令新官理任
吏四十三	即将理任署事月日飞申

吏四十五	理任月日	元均作"礼任"
吏五八	诸官员理任出差还职	元作"礼任差出"
吏五十四	自几年月日理任署事	
吏五廿七	格限以後理任	元均作"礼任"

"差占",元时常语,沈刻辄改为"差站"。

刑十三七	不得别行差站	
刑十三九	若许馀事差站	
	差站着巡军弓手的上头	
	不得差站	
刑十三十二	不得别行差站	
刑十三十九	差站一百八十六人	元均作"差占"

"检闸",元时常语,沈刻辄改为"检阅"。

新户五	那钞内检阅出一千三百一十二定	
新户六	检阅出接补描改假伪等钞	元均作"检闸"
	阅出接补挑剜不堪等钞	元作"闸出"
新户七	子细检阅	
新户三六	检阅昏钞	元均作"检闸"

"即目""目今",元时常语也,沈刻辄改为"即日",不知"即目"二字,近代犹或用之。

吏二廿五	因今年甲若干	"因今"元作"目今"
吏三二十	即日在选籍记五百馀员	
吏五七	即日到部	

户三六	虽称即日入局造作	
户三七	即日另居	
户五四	即日虽已归附	
礼五九	即日屡经天灾	"即日"元均作"即目"

"生受",元时常语,沈刻辄不知而误改之。

兵三八	致使百姓坐受	"坐受"元作"生受"
兵三十四	百姓每怎生不受生底	"受生"元作"生受"

又"去处",亦元时常语,近代俗语犹有之,不知沈刻何以辄误。

台纲二七	凡有按察者处	"者处"元作"去处"
户八三八	如到发卖处去	"处去"元作"去处"
兵一十二	军人屯等去逃	元作"屯守去处"
兵三八	令後司经过处去	元作"今後私经过去处"
新刑八九	前去濒海地处	"地处"元作"去处"

又"揩勒""揩除",元时常语,沈刻辄误"揩"为"指",或误为"措"。

户八三十	照依官价指除	"指除"元作"揩除"
	在先场官指勒灶户	"指勒"元作"揩勒"
兵一五三	却于见役军人粮内措除	"措除"元作"揩除"
户八八七	乘此之际指除务官	
新兵三	巧立名目擅自指除	
新兵九	指除军人封装	"指除"元均作"揩除"

"合干""干照",元时常语,沈刻辄误"干"为"于"。

户三十三	诸色户籍地亩于照文册	"于照"元作"干照"
户五廿六	就申合于上司补换	

卷四　元代用语误例　　　　　　　　　　　　　　　　219

户六二十　　仍申合于上司照验
户七一　　　开申合于部分　　　　　　"合于"元均作"合干"
户七一　　　攒典合千人以上　　　　　"合千"元作"合干"
新朝纲四　　从下合于衙门里不告　　　"合于"元作"合干"

"捎带"，元时常语，沈刻辄误为"稍带"。

兵三十三　　禁约使臣稍带沉重
兵三四七　　押运不得稍带私物
兵三四八　　恣意稍带诸物　　　　　　"稍带"元均作"捎带"
新兵六　　　军车稍载回还　　　　　　"稍载"元作"捎载"

"死损""倒损"，元时常语，沈刻辄不知而删改之。

兵三廿六　　其马驰骤易于困乏死　　　元作"困乏死损"
　　　　　　以致死省马匹　　　　　　元作"死损马匹"
　　　　　　倒死数多　　　　　　　　元作"倒损数多"

"沮坏"，元时常语，沈刻辄误"沮"为"阻"。

台纲一二　　阻坏钞法涩滞者
台纲二三　　凡有事务阻坏
新朝纲八　　休阻坏者　　　　　　　　"阻坏"元均作"沮坏"
户八十六　　如有诅坏虗兑　　　　　　"诅坏"元作"沮坏"

"逐旋"，元时常语，沈刻辄误"逐"为"遂"。

台纲二五　　遂旋代奏
新户十八　　遂旋添了　　　　　　　　元均作"逐旋"
户八廿四　　免致遂施秤盘　　　　　　"遂施"元作"逐旋"

"裹攒"，元时常语，沈刻辄误"裹"为"里"。

兵一五　　　里攒合并户计

若有里攒不碍户计

有姓名同里攒户例　　　"里攒"元均作"裹攒"

"赃仗",元时常语,沈刻辄误"仗"为"伏"。

刑二四	倘赃伏明白	
刑二十七	赃伏已明	"赃伏"元均作"赃仗"

"延胤""烧胤",元时常语,沈刻辄误"胤"为"彻"。

刑十九廿四	延彻人家	元作"延胤"
刑十九廿六	烧彻房屋	元作"烧胤",谓遗火延烧也

"根底",元时常语,沈刻辄误"根"为"糧"。

兵一廿五	奥鲁每糧的	"糧的"元作"根底",误"根"为"粮",又改"粮"为"糧",改"底"为"的"也
兵五七	只儿哈朗那的每糧底	"糧底"元作"根底",误"根"为"粮",又改"粮"为"糧"也

"为头",元时常语,沈刻亦不知而误改误删之。

吏三十三	为显达鲁花赤	"为显"元作"为头"本叶三见
兵一三八	有回头儿走的杀了	"回头"元作"为头"
新刑六九	为要讫高扬等钞	"为"下元有"头"字

"刁蹬",元时常语,沈刻乃误为"力蹬"或"蹬刁"。

吏四五	因而力蹬留难	元作"刁蹬留难"

兵一廿二	展转蹬刃宝弄	元作"刃蹬卖弄"

其他元时常用语言,沈刻不明其意而误者,固不胜枚举也。

圣政一十二	休这当者	"这当"元作"遮当"本叶二见
圣政一十八	横派科敛	"横派"元作"横泛"
圣政二五	丈量地亩	"丈量"元作"打量"
圣政二九	無得收取	"收取"元作"收要"
台纲二十一	近闻诏书里	"近闻"元作"近间"
台纲二廿三	取了招覆回来	"招覆"元作"招伏"
吏六三八	脚根浅短之人	"脚根"元作"根脚"
礼六三	不许权袒出外	"权袒"元作"衩袒"
兵三三十	铺马禁驰段匹	"禁驰"元作"禁驼"本条三见
兵三三二	不须泛滥起差	元作"不许从滥起差"
刑二三	恣情以杀杀捆打	"捆打"元作"掴打"
刑五十二	一同移尸村外撇下将移尸人程犟儿	"移尸"元均作"捍尸"
刑十一十九	剜割而取财物者	"剜割"元作"剜豁"
刑十二二	用憽药令吴仲一食用刀割取钞定	元以"食用"为句,"刀"字衍

第三十　因元时用语而误例

不谙元时用语而误,既如上述,亦有因习见元时用语而致误者。

兵二三	中书省官人每奏一个路里十副弓箭	"每奏"元作"奏每"。"官人每"系元时常语,然此则言"中书省官人奏,每一个路里十副弓箭","每"属下,不属上也
刑十一三一	节次破使不花	"不花"元作"不存"。"不花"二字,元时人名常用,然此实作"不存",非人名也
工二八	或将已招伏业逃户已招伏业人户	"伏业"元均作"复业"。"招伏"系元时用语,然此实言招复业逃户,非"招伏"也

又有误以元时用语改本文,而不知本文亦系元时用语者。知其一不知其二,不足以校元时典籍也。

吏二廿四	渡江总管百户	"总管"元作"总把"。"总管"系元时用语,不知"总把"亦元时用语也
吏三廿九	不须拟设勾当	"勾当"元作"管勾"。"勾当"系元时用语,不知"管勾"亦元时用语也
吏六五一	路州县吏勾当	"勾当"元作"勾补"
吏六五五	验此勾当又于州司吏内勾当	"勾当"元均作"勾补"

卷四　元代用语误例

吏六五六	于附近府州吏内勾当	"勾当"元作"勾补"。"勾当"系元时用语,不知"勾补"亦元时用语也
吏八十三	检勾当人员	"当"字衍。"勾当"系元时用语,不知"检勾"亦元时用语也
吏二十九	根底深重人员	"根底"元作"根脚"
吏五十五	本官根底原系是何出身	元作"本官根脚元系是何出身"
都省通例二	根底脚浅短	"底"字衍。"根底"系元时用语,不知"根脚"亦元时用语也
户一四	中书省劄付送户部	"付"字衍。"劄付"系元时用语,不知"劄送"亦元时用语也
户九十三	蒙古文字节该	"节该"元作"译该"。"节该"系元时用语,不知"译该"亦元时用语也
刑十九八	權豪势要诸色目人等	"目"字衍。"色目"系元时用语,不知"诸色"亦元时用语也
新吏一	似这般滥用的人每生受多有	"生受"元作"好生"。"生受"系元时用语,不知"好生"亦元时用语也

第三十一　因校者常语而误例

凡语言随所处之时地与所习而异,校书之误,每参以校者习用之语言,而不顾元文意义之是否适合,此一蔽也。

诏令一二	宣布维新之令	元作"宜布",因常语而误作"宣布"
台纲一二	承受官司即须执中	元作"执申",因常语而误作"执中"
吏二十二	钦奉宣命	元作"钦授",因常语而误作"钦奉"
吏三廿三	从本道出结付身	元作"出给",因常语而误作"出结"
吏五十八	一切公司过犯	元作"公私",因常语而误作"公司"
吏六三十	言语办理	元作"言语辩利",因常语而误作"办理"
吏六三七	议得先後书吏	元作"先役",因常语而误作"先後"
吏八十二	依例相法交割	元作"相沿"
户一十一	各官相法交割	元作"相沿",因常语而误作"相法"

卷四　元代用语误例

吏八十五	收领官	元作"首领",因常语而误作"收领"
户一三	告假事故	元作"假告",因常语而误作"告假"
户二三	中书省定例使臣分例	元作"定到"
户二十三	已有定例分例	元作"定到",因常语而误作"定例"
户四十八	转行别驾	元作"别嫁",因常语而误作"别驾"
户四廿七	似为便宜	元作"便益",因常语而误作"便宜"
户四三九	许留难虽已成亲	元作"留奴",因常语而误作"留难"
户八五七	依例结果	元作"结课"
户八六十	各处转运司追断结果	元作"结课",谓盐课也,因常语而误作"结果"
礼六十七	牒委文质正官	元作"文资",因常语而误作"文质"
兵一六	不行保甲	元作"保申",因常语而误作"保甲"
兵一五二	元数减半支付薪水煎粥养患	元作"支付新米",因常语而误作"薪水"

兵三四一	据旱路人夫	元作"旱站",因常语而误作"旱路"
刑十五十五	凭彭城等指证	元作"彭诚",因常语而误作"彭城"
刑十六十五	湖广等游街身死	元作"胡广",因常语而误作"湖广"
刑十九十九	牛黄牛只	元作"水黄",因常语而误作"牛黄"
工一二	竹木之器作以节用	元作"薪用",因常语而误作"节用"
新朝纲一	伏乞圣朝奄四海以为家	元作"伏维",因常语而误作"伏乞"
新户一	暂借债牛力	元作"借倩",因常语而误作"借债"
新户十三	卑府难以支持	元作"卑库",因常语而误作"卑府"

又有涉上下文而误以常语改之者：

吏二廿七	满日铨注疏外	元作"铨注流外",因"流"上有"注",遂误为"注疏"
吏六三五	从容路贡举行移本司	元作"从各路",因"各"上有"从",遂误为"从容"
吏六三五	各道廉访司书吏有钦依例于所辖路分云云	"有钦"元作"有缺",因"缺"下有"依",遂误为"钦依"

吏八十	止用蒙古字样写	元作"蒙古字标写",因"标"上有"字",遂误为"字样"
吏八十四	专一切经历知事	元作"专一与经历知事",因"与"上有"一",遂误为"一切"
户二十四	于近上下多户内	元作"近上丁多户内",因"丁"上有"上",遂误为"上下"
兵三十一	将利津县尹陈克拷打伤身死	"陈克拷"元作"成克孝",因"孝"下有"打",遂误为"拷打"
新刑三九	又亲笔画到平章右丞押字样写蒙古字省椽姓名	"样写"元作"标写",属下为句,因"标"上有"字"字,遂误为"字样",而失其句读矣,皆因常语而误者也

第三十二　用后代语改元代语例

有以后代语改元代语者,语言由事物而生,无此事物,无此用语也。今沈刻《元典章》乃有非元时应用之语,亦妄改之一端也。

吏一三一	上都巡警院判官	元作"警巡院",元时不称"巡警院"也
吏一四十	诸城所副都统	元作"诸城所副统领",元时无"副都统"之名也

吏六六四	中书省判送本部院呈	元作"本部元呈",元时无"本部院"之称也
刑一七	该奉部堂钧旨	元作"都堂钧旨",元时无"部堂"之称也
新吏三	延祐二年六月内阁奉宣命	元作"六月内钦奉宣命",元时无"内阁"之称也
吏一四十	正定弓匠	元作"真定弓匠",元时不称"正定"也
吏四十六	浙江行省	元作"江浙行省",元时无"浙江省"之名也。此误极多,不胜举
吏五三	浙江行省	元作"江浙行省"
吏五三四	浙江行省	元作"江浙行省"
吏六五五	先充望江苏司吏	元作"望江县司吏",元时无"江苏"之名也
刑十一廿八	陕西省西安府临潼县	元作"安西临潼县","省西安府"四字衍,元时无"西安府"之名也
刑十六十五	贵县县尹	元作"贵池县尹",元时无"贵县"之名也
礼四十五	将硃卷逐旋送考试所如硃卷有涂注乙字	"硃"元均作"朱",元称"朱卷",不称"硃卷"也

| 礼四十五 | 受卷官送弥封所撰字号弥封讫 | 元均作"封弥",元称"封弥",不称"弥封"也 |

第三十三　元代用语与今倒置例

元代用语,有与今倒置者,校者不应改易其本来,否则无以觇语言变迁之痕迹。况元代种族至杂,语系至繁,迄今《元典章》所留遗之语言,每含有翻译成分,其最显著之例,即为与今语倒置。沈刻辄以今语乙之,殊多事也。

"货物",《元典章》皆作"物货",沈刻多改为"货物",骤观之似沈刻是而元本非也。

户七廿六	押运货物前去	
户八七十	亦止断没所犯货物	
户八七二	抽讫货物内	
	已抽经税货物	
	抽办货物价钱	
户八七五	就博到别国货物	
户八七六	偷藏贵细货物	
新刑六五	元买货物	元均作"物货"
户八一〇二	灾伤流民物价	"物价"元亦作"物货"

"土地",《元典章》皆作"地土",沈刻多改为"土地":

| 朝纲一十 | 婚姻土地 |
| 户五四 | 如委是官司土地 |

户五廿六	所卖土地	
户五廿八	田宅土地	
刑十五三八	更将前项土地	
刑十五三九	凡告婚姻土地	元均作"地土"

"拣选",《元典章》皆作"选拣",沈刻多改为"拣选":

吏三十	拣选有根脚的色目人	元作"选拣"
吏六二	选用馀闲年少子弟	"选"下元有"拣"字
吏六六二	仰讲究择选典史	元作"选择"
户八十一	仍须差选廉干人员	元作"选差"
兵三十	拣选马匹	元作"选拣"
新兵五	拣选有力惯熟好军	元作"选拣"

"日月",《元典章》多作"月日",沈刻辄改为"日月":

吏二八	所历日月	
吏三一	做官底人日月多了呵	
吏三廿四	若更多添日月	
户十一二	照依中书省定到日月	元均作"月日"

"患病",《元典章》多作"病患",沈刻辄改为"患病":

吏五十二	或称沿途患病	元作"病患"
吏六四三	若系疾病	元作"病疾"
兵一五三	委实无气力无饮食患病军人	元作"病患军人"
刑二十二	内有患病	元作"病患"
刑二十三	患病者	元作"病患者"
刑二廿二	罪囚患病	元作"罪囚病患"

"钱财",《元典章》作"财钱":

户四七	原下钱财	元作"元下财钱"
刑十九十四	所受钱财没官外	元作"财钱"

"磨刷",《元典章》作"刷磨":

台纲一七	磨刷案牍	元作"刷磨"
台纲二二十	磨刷诸司案牍	元作"刷磨"

"方才",《元典章》作"才方":

吏四十五	方才之任	元作"才方"
户四七	方才成亲	元作"才方"

"把守",《元典章》作"守把":

刑十三七	把守街巷	元作"守把"
工二十	把执器械	元作"执把器杖"

其他似此倒置者尚夥，或出偶然，亦有绝非偶然，而已成为定律者，从事校雠者决不应以今语改古语也。

目录十	旌节孝	元作"孝节"
台纲二十三	依舊留存	元作"存留"
吏三三十	老成厚重	元作"重厚"
吏五廿六	往往驰驱仕途	元作"驱驰"
吏六九	深浅长阔各各分寸	元作"寸分"
户三廿一	萧千八为無男儿	元作"儿男"
户四十四	在先做了夫妻	元作"妻夫"本叶凡五见
户四四二	有舅姑小叔	元作"姑舅"
户五十五	顶替王德坚门户	元作"户门"
户五十五	既是另分之後	元作"分另"本叶凡三见

户五十六	別無兄弟	元作"弟兄"
户五三一	污穢阶衢	元作"穢污"
户七六	凡赴官庫买卖金银者	元作"卖买"
户七十九	無得失去損壞	元作"去失"
礼三二	或悬影及寫牌位亦是	元作"位牌"
礼三三	肴饌二三寸道	元作"三二十道"
礼三十五	甚至無益	元作"至甚无益"
兵三九	毋得乡下要取马匹草料	元作"取要"
刑十五十七	弃灭人伦	元作"灭弃"
刑十六四二	柴薪蔬菜等物	元作"菜蔬"
刑十八二	令人认识	元作"识认"本叶凡二见
新朝纲一	旋即违背	元作"背违"
新兵六	如蒙量拟左右手	元作"右左手"
新刑四十	肚腹昏闷	元作"腹肚"

卷五　元代名物误例

第三十四　不谙元时年代而误例

昔顾千里为洪氏校刊宋本《名臣言行录》,历举其年名、地名、人名、官名之误,今沈刻《元典章》此类讹误亦多,兹先举其年代之误。

元时至大年号只有四年,而沈刻《元典章》有不止四年者:

卷叶
目录廿一　　背五行"至大二十九年"
目录廿四　　背八行"至大二十三年"
目录三六　　背十一行"至大二十一年"
目录四五　　三行"至大五年"
户四廿一　　至大八年　　　　　　元均作"至元",年号误也
新刑四一　　至大九年　　　　　　元作"元年",年数误也

又有不成年号,而沈刻《元典章》有之者:

吏八八　　自在八年　　　　　　元作"自至元八年"

礼二十四	元至八年	元作"至元"
刑二四	大至四年	元作"大德"

元年号有至大，有大德，而沈刻《元典章》有至大德，其中必有一字系衍文。

吏二三一	近睹至大德二年	"德"字衍
兵三廿六	既系至大德二年	"德"字衍

正统为明朝年号，而沈刻《元典章》有正统：

刑二六	正统五年	元作"中统"

元祐为宋朝年号，除引用故事外，《元典章》不应有元祐。

刑十一十七	元祐六年	元作"延祐"

又以鼠、牛等十二属纪年，蒙古俗也，而沈刻《元典章》有妄添改者：

兵三廿一	猪鼠年奏呵	元作"猪儿"，妄改为"猪鼠"
工三四	译该马儿于至元年	元作"马儿年"，妄加"于至元"三字

又有年数之误显然，而沈刻未经改正者。元代至元年号，只有三十一年，今乃有三十三年：

目录三八	九行"至元三十三年"	
目录三九	二行"至元三十三年"	
户七三	至元三十三年	
吏六五十	至元三十三年	元均作"二十三年"

又元时大德年号只有十一年，今乃有十六年：

吏五廿七	大德十六年	"六"字衍

刑十一卅八	大德十六年	"十"字衍
新刑五八	大德十六年	"十"字衍

又元时元贞年号只有二年，今乃有三年：

吏六三	元贞三年	元作"二年"

又元时延祐七年无闰月，而沈刻延祐七年有闰月：

新工一	延祐七年闰三月	元作"元年"

第三十五　不谙元朝帝号、庙号而误例

凡校一代之书，必须知一代之帝号、庙号，遇有非此朝代所有之帝号、庙号，则常恐其或讹。

元代之书，有《圣武开天记》《圣武亲征录》，皆指元太祖也，而沈刻《元典章》有神武：

诏令一三	太祖神武皇帝	元作"圣武"

元有太祖、世祖，无圣祖，而沈刻《元典章》有圣祖：

吏二卅六	圣祖皇帝	元作"世祖"

元世祖不称高皇帝，而沈刻《元典章》有世祖高皇帝，盖清人习闻清朝帝号，乃以加之元帝也。

新刑五三	世祖高皇帝	"高"字衍

又元时国语帝号，如完者都、完者笃、完泽笃、完泽秃之类，译者无定字，皆以称元成宗。而沈刻《元典章》乃有完泽驾，"驾"为"笃"之讹，其误显然，不得委之译音无定字也。

礼三十一	完泽驾皇帝	元作"完泽笃"

第三十六　不谙元时部族而误例

元时部族，蒙古称达达，而沈刻《元典章》有单称达者：

户八三　　　达民户　　　　　　　　元作"达达民户"

元时部族，分蒙古、色目、汉人，而沈刻《元典章》恒误色目为色日：

户六卅六　　色日高丽递去湖广　　　元作"色目高丽"
兵二一　　　回回色日官人每　　　　元作"回回色目"
兵二二　　　畏吾儿回回色日官人　　元作"色目官人"四叶同

元时色目中有唐兀，而沈刻《元典章》恒误为唐元：

吏二十八　　畏吾儿乃蛮唐元等　　　元作"唐兀等"
礼二十四　　唐元卫百户　　　　　　元作"唐兀卫"

元时色目中有阿速，而沈刻《元典章》或误"阿"为"呵"：

兵一五一　　钦察每呵速每　　　　　元作"阿速每"

元时色目有木速鲁蛮，而沈刻或误"木"为"本"：

刑十九十六　本速鲁蛮回回每　　　　元作"木速鲁蛮"

元时色目有也里可温，而沈刻或误以"也"为助词，连上为句：

兵三三六　　奥剌憨者也阿温氏人　　元作"也里可温人氏"

元时汉人又称汉儿，而沈刻汉儿、汉人二字恒误：

吏二卅五　　蒙古从儿官人每　　　　元作"汉儿官人每"
吏六四二　　其馀色目汉目　　　　　元作"色目汉人"

元时女真亦称汉人,而沈刻或误为"女贞":

礼三一　　　女贞风俗　　　　　　　元作"女真"

第三十七　不谙元代地名而误例

（一）所误为历代所无之地名,一望即知其误者也。

吏一廿三　　平湾等处　　　　　　元作"平滦"
吏一廿九　　笪州　　　　　　　　元作"单州"
吏三十　　　与城县达鲁花赤　　　元作"南城县"
吏五七　　　千阳路　　　　　　　元作"平阳路"
户二十　　　真定路备奕城县申　　元作"栾城县"
户四七　　　滋州涂阳县　　　　　应作"磁州滏阳县"
户四十五　　郡武路　　　　　　　元作"邵武路"
户四四十　　淄莱路申满台县　　　元作"淄莱路申蒲台县"
户五十五　　淄来路　　　　　　　元作"淄莱路"
户六廿八　　临江路备新涂州申　　元作"新淦州"
户十八　　　江省行省　　　　　　元作"江西行省"
兵三五四　　迤北直至青州杨材　　元作"清州杨村"
刑三廿五　　永平路备抚军县申　　元作"抚宁县"
刑四廿八　　冠民县申　　　　　　元作"冠氏县"
刑十四五　　璚州乐会县　　　　　元作"琼州乐会县"
新户四七　　普晋路申　　　　　　元作"晋宁路"

（二）所误为元时所无之地名,略一考究,即知其误者也。

兵四八	广东行省	元作"湖广行省",广东元时不称行省
吏一三三	彰德府宕	元作"彰德辅宕",彰德元时不称府
户八六十	重庆府	元作"重庆路",重庆元时不称府
户九廿一	河北江南道	元作"河南江北道"
兵三十二	领北河南道	元作"岭北湖南道"
刑八十七	江南淮西道	元作"江南浙西道"
户三十九	台城县	元作"槀城",元时无台城县
户四廿八	隆兴萬户府	元作"龙兴万户府"。至元二十一年,已改隆兴为龙兴
刑三九	并隆兴路	元作"龙兴路"
刑十四八	河南行省咨陕州路	元作"峡州",陕州元时不称路

（三）所误为元时所有之地名,而隶属不相应,亦易察觉者也。

吏一十六	景州溧阳等处	元作"景州滦阳",若溧阳,则与景州不相接
户十九	道州卫州路军人	元作"道州衡州路"。若卫州,则与道州不相接
兵一五十	甘肃肃州有的仓库	元作"甘州肃州"
刑七四	湖广省咨鄂州路备威宁县申	元作"咸宁县"。若威宁县则不属鄂州路

新刑六十	婺州路兰州溪州同知	元作"兰溪州同知","兰"下"州"字衍。若兰州,则不属婺州路

（四）所误为元时所有之地名；而未指明隶属,则非用对校法,莫知其误者也。

户五五	濮州知州	元作"滁州"
礼六九	郭州有时分写来	元作"漷州"
新户廿二	山东两淮苏芜引据	元作"莱芜"
新刑廿七	江西廉访司申	元作"淮西",涉上文而误
新刑廿八	今准江西廉访司所言	元作"今淮西","江"字衍

（五）地名误作非地名,有时亦非对校不可。

兵三五四	自李二等至临清水站	元作"李二寺"。李二寺为元时入都要道,今误作"李二等",则或疑为人名
刑三十八	吉州路上有攸县	元作"上犹攸县",上犹为吉州属县,今误作"上有",则莫知为地名

第三十八　不谙元代人名而误例

元时蒙古、色目人名,与汉人绝不同,凡校元朝典籍,对元时人名,应有特别认识。如帖木儿、囊家歹等,元时常见之名也,今沈刻

《元典章》亦有误者：

户九十六	燕站木儿	
户十五	也先站木儿	"帖"误作"站"
兵三十七	失八儿土豪家歹	"囊"误作"豪"，涉"土"字而误

又阿合马、阔阔、阿术、相威、安童、拜住等，为元时大臣，《元史》均有传，其名甚著，今沈刻《元典章》亦误之。

台纲二十一	在前阿马坐省时分	"阿"下漏"合"字
户五十	闳闳你教为头众人商量了	"阔"误为"闳"
户八九	在先合阿马	"阿""合"倒置
兵一廿六	呵术管的时分	"阿"误为"呵"
兵一廿七	相成大夫	"威"误为"成"
刑十四三	安里丞相	"童"误为"里"
刑十九四五	拜征怯薛第三日	"住"误为"征"

其他错漏倒置更不一，有错误而仍可知为人名者，有错误而遂不知为人名者：

吏五四	鲁火赤约剌忽	元作"纳剌忽"
吏六四十	译史入剌脱因	元作"八剌脱因"
户六十八	刘伯察儿	元作"刘伯眼察儿"
户七三十	平地县舊界仓官火日等	元作"火者等"
礼四三	本院官答失蛮乞歹	元作"答失蛮乞里乞歹"
兵一廿五	也速歹兑	元作"也速歹儿"

卷五 元代名物误例

兵一四九	唆朗今歹名字的万户	元作"唆朗合歹"
兵一五十	答失变私过罪名	元作"答失蛮"
兵三十一	勾捉赤忽兀歹等到官	上文作"忽赤兀歹"
兵三廿八	孛鲁总答儿中丞	元作"孛鲁忽答儿中丞"
兵三三三	月迷的失	元作"月的迷失"
兵三四五	刘吉列吉恩	元作"刘乞列吉思"
兵五七	连右儿赤	元作"速古儿赤"
兵五八	先者知院	元作"完者知院"
刑三二十	忽抹察	元作"忽林察"
刑七三	郑忏古歹	元作"郑忙古歹"
刑九九	忽察忽恩	元作"忽察忽思"
刑十七六	回回大者及等	元作"火者及"
	同伙者及并黑回回四人	元作"同火者及"。"火者及"为元时回回人常用之名，今乃误"火者"为"同伙者"，此非音讹，实由妄改矣
刑十九四十	前者脱迷儿的上头	元作"脱儿迷的上头"
工一十二	职烈门院使撒迷承旨	元作"识烈门院使，迷撒迷承旨"
工一十三	索罗言语	元作"孛罗言语"
新户十	野书牙国公	元作"野里牙国公"
新礼一	乞合不花	元作"乞台不花"

新刑廿二	偷盗忽都不下银合儿等物	元作"忽都不丁"。丁为元时回回人名常用之尾音,改为"不下",莫知为人名矣
新刑三八	该支放乌马儿粮中河涧盐引	元作"放支乌马儿"。乌马儿为回回人常用之名,今误"乌"为"鸟",遂将"放""支"二字倒置,而成"放鸟"矣
新刑三九	张答木帖儿等	元作"帖木答儿"

其他讹字,音韵相近,衡以译音无定字之说,本可无妨,然究失名从主人之义,不得谓之非误。

| 户八—○三 | 断事官也里今赍奉中书省劄付 | "真"误为"今" |
| 工二十二 | 如今交马合么丹的提调 | "麻"误为"么" |

第三十九　不谙元代官名而误例

元代官名,可大别为汉官名、蒙古官名二种,沈刻《元典章》官名之误,有笔误者,有故意以习惯官名易之者,初不计元时制度之如何也。

最显著为"典吏"改"典史",元官制有典史,亦有典吏,校者习闻典史,少闻典吏,故奋笔而改之也。

卷五 元代名物误例

吏二五	枢密院经历司典史	
	左右司典史	
	随朝各衙门典史	元均作"典吏"
吏二三五	省部台院典史	元作"典吏"。此二叶中"典吏"凡三十三处，均误改为"典史"

其次为"提点""提领"改"提调"。元官制有提调，亦有提点、提领，校者习闻清官制中之提调，以提点、提领为误而改之也。

户八六	提调官常切用心巡缉	元作"提点官"
户八五九	约会随处路府州县提调正官	元作"提点正官"
新吏十一	本路行用库提调	元作"提领"
新吏廿六	庐江县务提调	元作"提领"
新刑五九	受提调领周祐等中统钞	"调"字衍
新刑六十	取受建昌路在城提调周祐等中统钞	元作"提领"

其次为"总把"改为"把总"。总把元代官名，把总清代官名，校者习闻清官制中之把总，以总把为误倒而乙之也。

吏三三	元帅招讨总管把总	
户四六	张把总妻阿李	
兵一十	除把总百户擢准军役外	
兵一十三	从把总军官开坐花名	元均作"总把"

其他汉官名之误者，有如下例：

| 台纲二十一 | 平意明理不花言语奏 | "平意"元作"平章" |

吏一廿四	大同农司	元作"大司农司"
吏一三十	太常奉祀郎	元作"奉礼郎"
吏一三一	司农郎	元作"司晨郎"
吏一三九	洪赞司	元作"供帐司"
吏一四十	箫匠	元作"箭匠"
吏六三十	前观农司书吏	元作"劝农司"
吏六六六	各路典狱转补州吏	"典狱"元作"狱典"
兵四五	政用院	元作"致用院"
	官正司	元作"官正司"
	各处方户府	元作"万户府"
刑十五十二	哈剌多事等	元作"都事等"
刑十九廿三	潭州路榷茶司提举	元作"榷茶同提举"
新户廿六	移咨江西榷茶	元作"榷茶"
新户廿七	各处攒茶提举司	元作"榷茶提举司"
新兵二	如今在卫率府	元作"左卫率府"

至于蒙古官名之误,则一"扎鲁花赤"也,或误为"达鲁花赤",或衍"花"字,或漏"忽"字,或误倒"鲁""忽"二字。盖蒙古官制有达鲁花赤,亦有扎鲁忽赤,亦作扎鲁花赤。扎鲁忽赤,译言断事官,达鲁花赤,译言长官,二者职责不同,不容相混,校者不可不一考元时官制也。

台纲一四	也可薛怯第一日	元作"也可怯薛"
吏一六	海船达鲁赤	元作"达鲁花赤"
吏六廿一	知印怯里为赤	元作"怯里马赤"
兵一四	奥鲁密知而不举	元作"奥鲁官"
兵一十二	合必必亦拔都儿	元作"合必赤拔都儿"

兵四四	达鲁花赤	元作"扎鲁花赤"
刑七十六	就令达鲁花赤	元作"扎鲁花赤"
刑七十六	扎鲁花忽赤照勘	元作"扎鲁忽赤","花"字衍
刑十一七	也可札忽鲁赤	元作"札鲁忽赤","鲁""忽"误倒
刑十一十一	也可札鲁赤	元作"扎鲁忽赤",漏"忽"字
刑十一十一	四薛怯官人每	元作"四怯薛官人每"
刑十一十七	端阔赤	元作"阔端赤"
新户五二	告蒙本官首宝赤	元作"昔宝赤"

第四十　不谙元代物名而误例

一时代有一时代所用之物，校书者当以某代还之某代，不能以后世不经见，遂谓前代为无；不能以后世所习见，遂疑前代亦有。况同一物也，异地则异名，异时则异称。今沈刻《元典章》于元时名物多不措意，兹特分服物、器物、动物三类言之。

目录六三	黏休画云龙犀	"黏"元作"鲇"
	靴鞯上休使金	"鞯"元亦作"鲇"
吏一三四	鞋带斜皮	元作"鞋带斜皮"
礼二二	公服俱左经	元作"左纤"
	偏带俱系红鞋	元作"红鞋"

礼二三	帐幕用纱帽	元作"纱绢"
礼二四	拟衣襢合罪罗窄衫	元作"襢合罗窄衫","罪"字衍
礼二八	男子里青巾妇女滞子抹俱要各各常穿里戴	元作"男子裹青头巾,妇女滞抹子,俱要各各常川裹戴"
兵三三四	畔袄等物	元作"胖袄"
刑二十二	冬则给以被絮暖匣	元作"絮被暖匣"

上服物之名,或系当时体制,或系当时方言,或系当时译语,不加校正,义辄难通。

吏一三四	采打码磇杯材	元作"肧材"
吏六十四	验得系鹰翎刀	元作"雁翎刀"
兵五七	使叉的使细索拿的	元作"使叉的,使网索拿的"
刑三卅五	偷讫耳剜银镍	元作"银剜耳镍"
刑四三五	与佃客赵丑□草其赵丑按前冯三儿茹草不觉将冯三儿左手□折本人因伤身死	空处元均作"劗","按前"元作"按劗"。劗音札,切草刀也,今通作铡,《广韵》作鐝
刑四三六	为踏碓将掷拷栳坏了	元作"柳栲栳"
刑十一四十	劫到乌油篾篢一只出门打开篢内有藤箱一个	"篢"元均作"篸"
刑十九五十	行用度尺升斗秤等	元作"等秤","等"今作"戥"

工二十六	案衣砚车	元作"砚卓"
新户八	伪钞报未成遇革释放	元作"伪钞板"
新户八	抄造纸坏未曾印造	元作"纸坯"
新刑十三	偷盗本路盛银印匣	元作"盛印银匣"
新刑八七	纠集人伴赌博入义事发到官	元作"八义"

上器物之名，或误字，或误倒，其义顿失。如银剜耳锒，一物也，误为耳剜银锒，则似二物矣。盛印银匣，匣银而印非银也，误为盛银印匣，则似其印为银矣。

目录四二	禁捕鸥鹅鹅鹃	"鸥鹅"元作"䴗鹅"
圣政二廿一	除天鹅鸐鹊外	"鸐鹊"元作"鸐鹊"
户二十一	应副鹰鹘分例	"鹰鹘"元作"鹰鹘"
	为收住兔鹘不还官司	"兔鹘"元作"兔鹘"
	海青兔鹘　鹰儿鸦鹘	"鹘"元均作"鹘"

上动物之名。元时视䴗鹅、鹰鹘最重，《元典章》兵部五特列有捕猎专条。䴗鹅亦作鸐鹅，鸥鹅则义不可通。鹰鹘、兔鹘并称，杜鹃则非其所尚矣。

第四十一　不谙元代专名而误例

一时代有一时代所用之专名，校书者对于本书时代所用之专名，必须有相当之认识，此《方言》《释名》所由作也。

"腹里"为元代专名，谓中书省所统山东西河北之地也。沈刻既误为"肠里"，又误为"服里"：

吏六三	肠里已有贡举定例	元作"腹里"
刑七十六	服里犯奸刺配	元作"腹里"

"券军"为宋元间专名,沈刻辄误为"募军":

兵一二十	散漫生熟募军	元作"券军"
	另支生募	元作"生券"
兵一廿一	亡宋临危之初本为募军数少	元作"券军"
兵一廿三	拘刷新附生熟募军	元作"券军"

"投拜户"为元代专名,沈刻辄误为"投祥",又误为"投牌":

兵一廿九	投祥萬户千户	元作"投拜"
兵一三十	投牌名户	元作"投拜民户"
	除称投祥户	元作"投拜"
	于投祥户内	元作"投拜"

"铺马"为元代专名,沈刻或误为"补马":

兵三廿四	降给补马劄子	元作"铺马"
兵三廿五	照得起补马圣旨	元作"铺马"

"系官公廨""系官房舍"为元代专名,沈刻辄改为"系是官员房舍",有同蛇足矣。

工二十八	委实系是官员公廨	元作"委是系官公廨"
工二二十	禁卖系是官员房舍	元作"禁卖系官房舍"

其他元代专名,而沈刻误者有如下例:

目录五九	例钞多收工墨	元作"倒钞"。"倒钞"元代专名
吏一十九	门尉丽正文明顺水	"顺水"元作"顺承",即今宣武门之旧名也

吏七四	官员勋政聚会	元作"勤政聚会"。"勤政聚会"为元代专名
吏七十	置立未销文簿_{本叶四见}	元作"朱销文簿"。"朱销文簿"为元代专名
礼五十六	怯薛第一日嘉惠殿里	"嘉惠"元作"嘉禧"。"嘉禧殿"为元代专名
礼六四	江淮释教德摄所	元作"总摄所"。"江淮释教总摄所"为元代专名
兵一廿六	别杖儿里不交入去	元作"别枝儿"。"别枝儿"为元代专名
兵三五二	为并造舍利别勾当	元作"煎造舍里别"。"舍里别"为元代专名,是葡萄、木瓜、香橙等物所煎造,今改作"并造",又改作"舍利",盖误以为佛家之舍利也
刑十九四七	其黨则有曰张公曰昭身	"昭身"元作"贴身"。"贴身"为元代专名,盖骗局之一种也

第四十二　不谙元时体制而误例

元制,番直宿卫之军,谓之"怯薛",以大臣领之,每三日而一更，故有怯薛第一日、怯薛第二日、怯薛第三日之称。

| 吏二九 | 失烈门怯薛第二者 | 元作"第二日"，校者不知"怯薛"之义，故误"第二日"为"第二者" |

元制，皇帝圣旨称"钦此"，皇太后懿旨及太子令旨称"敬此"。

吏二九	奉令旨那般者钦此	元作"敬此"
礼六二	么道令旨了也钦此	元作"敬此"
兵三廿八	令旨那般者钦此	应作"敬此"。元本亦误
刑十五四五	么道懿旨了也敬此钦此	"钦此"二字衍

元时谓祭天、祭神等日为圣节。

| 户七十七 | 多破官钱违错圣旨 | 元作"圣节" |

元制，以每月朔望二弦为禁刑日，又谓之四斋日，凡有生之物，杀者禁之。

| 刑十九二 | 禁刑日每月初二初八十五二十五 | "初二"应作"初一"，"二十五"应作"二十三"，元刻亦误作"初二"，惟沈刻新集刑部八十九叶杂禁类不误，可参证 |
| 刑十九廿七 | 每月四齐日 | 元作"四斋日"。"斋""齐"本通，然元本作"斋日"，今改作"四齐"，是误字，非古训 |

元制，笞杖以七为度，未有言五者。

刑十一三三	一贯该杖六十五下加一等	"五下"元作"五贯"。杖六十五,非元制,元作"一贯杖六十,五贯加一等","该"字衍

又元制,笞杖举成数者不称"下",如"笞五十""杖六十"是也。其称"下"者必为单数之七,如"笞五十七下""杖六十七下"是也,全部《元典章》皆如此,《元史·刑法志》悉将"下"字删去,史家省文,当时公牍不如是。

户八四四	笞五十下	元作"五十七下"
刑六二	各拟五十下	元作"五十七下"。既言"下",必言"七",其不言"七"者,非脱"七"字,即衍"下"字也

又元制,笞杖始于七,止于百七。

朝纲一五	诸杖罪一百七十以下	"十"字衍
刑四廿九	部拟杖一百十七	元作"一百七下"。既止于百七,则安有百十七、百七十者,其为误显然

元制,京府州县官员,每日早聚圆坐,参议公事,理会词讼,谓之圆坐署事,其所议谓之圆议,其所签押谓之圆签,谓之圆押,颇似近时所称之圆桌会议。今沈刻《元典章》"圆"多误"图",又误"原",又误"元",不谙元时圆议之制也。

吏七三	须要公廳图押	元作"圆押"本条数见
吏七四	凡行文书图押	元作"圆押"

	须要图书图押	"图"元均作"圆"
兵一三	令各奕图议立法钤束	"图议"元作"圆议"
工一十一	都省原议得事内一件	"原议"元作"圆议"
新刑五三	本路官员元签认状	元作"本路官吏圆签认状"

又元制，犯人口供，谓之招伏，亦谓之状招，无称"招状"及"状伏"者。沈刻"状招"有时讹为"招伏"，犹是元制，至于"招状""状伏"，元时实无此称，不得以其形似义通，遽行改易也。

刑十一廿二	陈四黄千二名招伏	元作"各状招"
刑十六十二	周耽公等三家招伏	元作"状招"
吏四九	取讫明白招状	
户四十	取讫本人招状	
刑一七	取责明白招状	"招状"元均作"招伏"
刑十六十三	亦无取到状伏	
新刑廿八	取讫状伏	"状伏"元均作"招伏"

卷六 校 例

第四十三 校法四例

昔人所用校书之法不一，今校《元典章》所用者四端，一为对校法。即以同书之祖本或别本对读，遇不同之处，则注于其旁。刘向《别录》所谓"一人持本，一人读书，若怨家相对者"，即此法也。此法最简便，最稳当，纯属机械法。其主旨在校异同，不校是非，故其短处在不负责任，虽祖本或别本有讹，亦照式录之；而其长处则在不参己见，得此校本，可知祖本或别本之本来面目。故凡校一书，必须先用对校法，然后再用其他校法。

有非对校决不知其误者，以其文义表面上无误可疑也。

卷叶		
吏三十六	元关本钱二十定	元作"二千定"
户六二	花银每两出库价钞二两五钱	元作"二两五分"
户八十八	博换到茶货共一百三十斤	元作"二百三十斤"
户八八六	一契约取四十五定	元作"四五十定"

兵三廿六	小铺马日差二三匹	元作"三二十匹"
刑一五	延祐四年正月	元作"闰正月"
刑一七	大德三年三月	元作"五月"

有知其误,非对校无以知为何误者:

吏七九	常事五日程中事十日程大事十日程	元作"中事七日程"
户七十二	每月五十五日	元作"每五月十五日"
兵三七	该六十二日奏	元作"六月十二日奏"
新刑三四	案牍都目各决一十七下司吏决一十七下	元作"司吏决二十七下"

二为本校法。本校法者,以本书前后互证,而抉摘其异同,则知其中之谬误。吴缜之《新唐书纠谬》、汪辉祖之《元史本证》,即用此法。此法于未得祖本或别本以前,最宜用之。予于《元典章》曾以纲目校目录,以目录校书,以书校表,以正集校新集,得其节目讹误者若干条。至于字句之间,则循览上下文义,近而数叶,远而数卷,属词比事,牴牾自见,不必尽据异本也。

吏六四十	未满九个月不许预告迁转	上下文均作"九十个月"
户十二十三	里河千里百斤	上下文均作"千斤百里"
刑七十四	犯奸放火大德五年犯奸休和理断大德六年	目作"至元五年"目作"至元六年"
刑七十五	容奸受钱追给大德八年	目作"至元八年"。按编纂次第,均应以目为正

刑八二	取受枉法二十贯以上至三十贯七十七下三十贯以上至一百贯八十七下	据表"三十"均应作"五十"

三为他校法。他校法者，以他书校本书。凡其书有采自前人者，可以前人之书校之，有为后人所引用者，可以后人之书校之，其史料有为同时之书所并载者，可以同时之书校之。此等校法，范围较广，用力较劳，而有时非此不能证明其讹误。丁国钧之《晋书校文》、岑刻之《旧唐书校勘记》，皆此法也。

吏一廿七	荨麻林纳尖尖	元刻亦作"纳尖尖"
吏一三四	荨麻林纳失失	元刻亦作"纳失失"

欲证明此"纳尖尖""纳失失"之是非，用对校法不能，因沈刻与元刻无异也。用本校法亦不能，因全部《元典章》关于"纳失失""纳尖尖"止此二条也。则不能不求诸《元典章》以外之书。《元史》卷七七《祭祀志》国俗旧礼条："舆车用白毡青缘，纳失失为帝，覆棺亦以纳失失为之。"卷七八《舆服志》冕服条："玉环绶，制以纳石失。"注："金锦也。"又："履，制以纳石失。"《舆服志》中"纳石失"之名凡数见，则《元典章》"纳失失"之名不误，而"纳尖尖"之名为元刻与沈刻所同误也。

户九十二	五月二月以钩栿压下枝着地	元作"正月二月"

此引《齐民要术》卷五语也，可以《齐民要术》证之。

礼三十一	始死如有穷	元作"始死充于有穷"

此引《礼记·檀弓》上之文也，今《檀弓》作"始死充充如有穷"，则沈刻、元刻皆误也。

| 刑十九十六 | 木忽回回每 | 元刻亦作"木忽" |
| 新户三五 | 回回也里可温竹忽答失蛮 | 元本同 |

一"木忽",一"竹忽",必有一误。《元史》卷三三《文宗纪》:"天历二年三月,诏僧、道、也里可温、术忽、答失蛮为商者,仍旧制纳税。"卷四三《顺帝纪》:"至正十四年五月,募各处回回、术忽殷富者赴京师从军。"则"木忽"当作"术忽",而沈刻与元刻皆误也。又《元史》卷四十《顺帝纪》:"至元六年十一月,监察御史世图尔言:禁答失蛮、回回、主吾人等叔伯为婚姻。"杨瑀《山居新话》载:"杭州砂糖局糖官,皆主鹘、回回富商。"主吾、主鹘,更可以证"木忽"之误。

四为理校法。段玉裁曰:"校书之难,非照本改字不讹不漏之难,定其是非之难。"所谓理校法也。遇无古本可据,或数本互异,而无所适从之时,则须用此法。此法须通识为之,否则卤莽灭裂,以不误为误,而纠纷愈甚矣。故最高妙者此法,最危险者亦此法。昔钱竹汀先生读《后汉书·郭太傅》,太至南州过袁奉高一段,疑其词句不伦,举出四证,后得闽嘉靖本,乃知此七十四字为章怀注引谢承书之文,诸本皆儳入正文,惟闽本独不失其旧。今《廿二史考异》中所谓某当作某者,后得古本证之,往往良是,始服先生之精思为不可及。经学中之王、段,亦庶几焉。若《元典章》之理校法,只敢用之于最显然易见之错误而已,非有确证,不敢借口理校而凭臆见也。

| 吏五四 | 合無灭半支俸 | "灭半"当作"减半" |
| 吏六三七 | 年高不任部书愿不转部者 | "部书"当作"簿书" |

吏八十六	也可扎忽赤	当作"扎鲁忽赤",元本亦漏
户五三一	亡宋淳佑元年	"淳佑"当作"淳祐"
户六二	赤银每两入库价钞一十四两八钱	"赤银"当作"赤金"
户八一〇一	押运犁耳七百两经由施仁门入城	"两"当作"而"
兵三十四	官人每根底要肚及	"肚及"当作"肚皮"
刑一四	江西省行准中书省咨	"省行"当作"行省"
刑十九四五	拜征怯薛第三日	"拜征"当作"拜住",元本亦误

第四十四　元本误字经沈刻改正者不校例

有元本错误,经沈刻改正者,不复回改,而著其例于此:

诏令一四	逮我宪宗之世	元作"邀我"
	愿奉岁币于我	元作"岁弊"
圣政一一	颁行科举条例	元作"须行"
圣政二廿四	并前代名人遗迹不许毁拆	元作"各人"
吏三十三	非惟烦渎上聪	元作"非推"
吏三二十	用印封铃	元作"封铃"
吏三廿五	事涉太重	元作"事陟"

吏六三四	间或司官精力不逮	元作"积力"
吏六三五	遴选行止廉慎才堪风宪之人	元作"廉填"
户四三	下户不过二味	元作"三味"
户六三十	又不用心钤束	元作"铃束"
户八二十	不得搅扰沮坏	元作"沮怀"
户十八	钦奉圣旨内一款	元作"一饮"
礼三十二	斩衰齐衰以至缌功	元作"斩丧齐丧"
礼三十四	不得教傅瓦盖房舍	元作"传瓦"
礼三十五	备存珍宝	元作"殄宝"
礼三十六	据纸糊房子金银人马	元作"纸湖"
兵一四二	据呈复湖州萬户府各状申	元作"郢复"
兵三廿二	在後簪戴道冠	元作"簪载"
刑一一	置以圜土	元作"圈土"
刑二二	照得鞠狱之具	元作"鞠狱"
刑二五	议得讯囚之法	元作"讯因"
刑二六	必须圆坐	元作"员坐"
刑二十七	鞠狱	元作"鞠狱"
刑五六	畏避引匿	元作"引惹"
刑十一四八	拘钤不令离境	元作"拘铃"
新朝纲一	冗微细事动辄宣示中外	元作"冗徽""宗示"
新吏廿二	不公不法不止一端	元作"一瑞"

上形近而误。

诏令一四	屡拒王师	元作"旅拒"
诏令一五	宋母后幼主洎诸大臣百官	元作"送母后"
吏五二	达鲁花赤所授宣敕	元作"宣赤"
圣政二五	全行蠲免 尽行蠲免	元作"倚免"前后均作"蠲"

上声近而误。"蠲"与"倚"声不相近,其所以误为"倚"者,疑当时读"蠲"为"益"也。

户十一八	休使气力欺负者	元作"体使"
兵二十二	奉中书省剳付	元作"礼付"应作"札付"
刑十五十三	如此不惟政教休明	元作"体明"
刑十八七	如今體着在先圣旨體例	元作"休着"

上因简笔字而误。

兵五七	我的兄弟乌马儿	元作"鸟马儿"
兵五七	又不忽木	元作"不忽术"
刑十五二	监察御史忻都将仕呈	元作"折都"

上人名误。

吏一三二	醴陵州	元作"酰陵"
吏一三三	束鹿县	元作"东鹿"
吏五一	大都顺天益都淄莱等路	元作"缁莱"
户四十五	搬移前去溧阳州住	元作"漂阳"
户八六十	就咨四川省照会	元作"西川"
户十二	押粮官赍赴直沽等处	元作"直活"
刑三三十	常澧辰沅归峡等处	元作"辰阮"

刑七十	济宁府郓城县申	元作"郸城"郸城今归德
刑十九四九	顺天路束鹿县	元作"东鹿"
新户十一	今溧水州申报	元作"漂水"

上地名误。

吏一五	上路总管府达鲁花赤	元作"总府府"
吏一廿五	大都醴泉仓大使	元作"酰泉"
吏一廿七	醴泉仓副	元作"酰泉"
吏六五十	首领管勾提控扎曳人等	元作"官勾"
吏六五一	劄付吏部与集贤翰林国史院	元作"集资"
户十一二	金银铁冶户另行外	元作"铁治"
户十二三	各站正站户	元作"贴户"
兵三九	全借钱马走递干办	元作"干辨""借"亦误作"籍"
兵四五	铁冶提举司	元作"铁治"
刑十九四五	大司农司呈	元作"大司农同呈"

上官名误。

第四十五　元本借用字不校例

　　元刻《元典章》遇笔画繁复之常用字,每借用笔画简单之同音字以代之,沈刻有改正者,有未改正而意义无妨者,今均不复校改,而著其例于此：

户四三四	萧玉哥凡三见	
兵一廿一	招讨萧天祐	
刑十一三四	萧仁寿　萧得三	
刑十六十二	萧新等名下	"萧"元均作"肖"
户四三六	傅望伯凡四见	
户四三九	傅伯川凡三见	"傅"元均作"付"
户七十六	厘毫丝忽	"毫"元作"毛","丝"元作"系"
	五毫收作一厘五毫以下	
户七十七	五毫以下削而不用凡二见	"毫"元均作"毛"
户七二十	六分二厘五毫凡数见	"厘"元作"兎","毫"元作"毛"
户十一一	并丝料粮税等差发	"丝"元作"系"
户二十七	榆林驿申凡二见	"榆"元作"余"
刑一八	强窃盗贼	
刑八七	窃见随处贪官污吏	"窃"元均作"切"
刑三二	纔将王猪僧殡葬了	
刑三六	纔闻讣音	"纔"元均作"才"

亦有不知为借用字而误改者：

圣政一一	金场䢟冶茶盐铁户	元作"䢟冶"，借"䢟"为"银"也。校者习记"良弓""良冶"之词，而遂改为"良冶"矣

吏二十二	庶凡迁法有守	元"庶几",借"几"为"幾"也。不知为"幾",而误改为"凡"矣
吏六五	共印造到凡贯伯文	元作"幾贯伯文",抄者简写为"几",沈刻遂误改为"凡"矣
兵三五五	却用甚字凡号	元作"幾号"
礼三十五	坊见江南流俗	元作"切见",借"切"为"窃"也。不知为"窃",而误改为"坊"矣
礼六六	三十多人	元作"三十余人",借"余"为"餘"也。不知为"餘",而误改为"多"矣
礼六十五	十多年後	元作"十余年後",亦借"余"为"餘",不知而误改为"多"也
兵三三九	长行马疋料各	元作"料谷",借"谷"为"穀"也。不知为"穀",而误写为"各"矣

第四十六　元本通用字不校例

始予之校《元典章》也,见"札"作"劄"、"教"作"交"、"应副"作

"应付",以为元代用字与今不同也,后发见元刻本本身亦前后互异,乃知此非元代用字与今不同,实当时之二字通用。沈刻校改,固为多事,即今回改,亦属徒劳,间改一二,以见其例。

"教""交"通用:

吏四八	無闕的根底教等一年此叶凡七见	
兵三三五	休教奏者	元均作"交"
刑一六	再交監察重審	
新工一	都交大如文廟	元均作"教"

"札""劄"通用:

刑九九	承奉中書省劄付	
新户二	宜從都省劄付	元均作"札"
刑十五四	承奉福建行省札付	
刑十五十五	奉中書省札	元均作"劄"

"呈""承"通用:

吏五十七	御史臺呈奉中書省劄付	
吏六四十	呈奉中書省劄付同叶又作"承奉"	
户二十二	呈奉中書省劄付	元均作"承奉"
户三十六	承奉省劄	
户四十八	禮部承奉省判	元均作"呈奉"

"整""拯"通用:

吏三七	凡事從新整治	
新吏二	若不整治呵	

新户十八	整治盐法	
新户廿三	整治茶课	
新户五二	整治贼盗	元均作"拯治"
户八三五	从新禁治	
刑十四七	若不严切禁治呵	
新刑三八	若不严切惩治呵	元均作"整治"

"格""革"通用：

刑八十七	司吏犯赃经革告叙	元作"经格"
刑十一廿六	遇革免征陪赃	元作"遇格"
刑十六十四	格前虽无取到招伏	元作"革前"
新户十六	格前招伏	元作"革前"

"您""恁"通用。"您""恁"二字，音义皆殊，与其谓之通用，毋宁谓元时板刻，恒将"恁"字作"您"字也。

吏三十二	恁说是	元作"您说是"
户十十四	恁众和尚每	元作"您众和尚每"
刑八廿四	您说的是	元作"恁说的是"
新朝纲四	您省官每根底说	元作"恁省官每"

"驱""躯"通用：

目录五三	验奴就断与头□的主人	元作"驱奴"
台纲一七	或诱说良人为躯	元作"为驱"
刑四三	系陈玉躯	元作"驱"
刑八五	亲随躯□人等在逃	元作"驱□"
兵一三一	分戍江南全籍各家驱丁	元作"躯丁"
刑六五	及令躯媵儿等	元作"驱"

卷六 校 例　　　　　　　　　　　　　　　265

刑十八四	元有驱□	元作"躯□"

"疋""匹"通用：

圣政一廿二	纵令头目损坏田禾	元作"头疋"
新刑七八	头匹	元作"头疋"
兵三廿七	小铺马匹每不过十三日	"匹每"元作"每匹"

"翼""奕"通用：

新吏廿一	各翼首领官吏	元作"各奕"
新兵六	与右手翼分千户百户	元作"奕"本叶"奕""翼"互用
新兵八	各卫翼军官	元作"卫奕"
新刑廿五	转发镇江翊	元作"镇江翼"本叶凡二见

"杖""仗"通用：

新刑十	持杖　不持杖	元均作"持仗"
新刑四三	各持器械	元作"器杖"

"卓""棹"通用：

工二十六	公用棹床荐席	元作"桌床"
工二十八	一床一棹	元作"一床一卓"
礼三三	妆奁按酒二三十棹	元作"三二十棹"。"棹"字本后起，据此则元时已通用

"殴""欧"通用：

刑二十一	殴詈	元作"欧詈"本叶凡二见
刑六二	将和你赤马疋夺了欧打	元作"殴打"

"駮""驳"通用：

圣政二十六	减驳拖欠	元作"减駮"
吏五廿三	必须駮问	元作"驳问"

"礙""碍"通用：

吏六廿四	来往勾当里窒有礙	元作"窒碍有"
刑十九廿三	有無违害	元作"违礙"

"只""止"通用：

吏八十一	止以言语省会施行	元作"只以"
户八五三	幾合休教挽越资次	元作"只合"
兵三二	正要出备钱物	元作"止要"

"後""后"通用：

礼六十二	建宁路後山	元作"后山"
兵一十五	今颁降条画于後	元作"于后"
刑十九五五	逐一区处于咨请依上施行	"于"下元有"后"字
刑一六	今后遇有须合申明裁决事理	元作"今後"

"应付"与"应副"通用：

兵三九	百姓亦不得应副这般	元作"应付"
刑六八	依上应付去讫	元作"应副"本叶凡三见

"驸马"与"附马"通用：

吏三十六	诸王公主驸马	元作"附马"
户三十一	爱不花驸马位下	元作"附马"
户九十三	诸王附马的伴当	元作"驸马"

"守制"与"守志"通用：

户四廿二	夫亡服阕守制	
	自愿守制归宗者聽	
户四三八	聽从归宗守制	元均作"守志"
礼六十七	夫亡守志	元作"守制"

第四十七　通用字元本不用例

有字本通用，《元典章》只用其一，沈刻辄以通用字易之，虽于本义无殊，或更比本义为优，然究掩本来面目，为研究元代文字学者增一重障碍。尽行回改，不胜其繁，间改一二，以见当时习惯，并著其例于此。

"嫻习""閒暇"必用"闲"：

目录五八	閒居官与百姓争讼	元作"闲居"
吏五十七	或不问官事	元作"不闲"
户五十四	至今荒閒	元作"荒闲"
户七廿三	因病告閒	元作"告闲"
礼五十五	前後閒忙	元作"闲忙"本叶凡二见
兵一三	閒吃着俸钱	元作"闲喫"
新兵七	退閒首领官吏	元作"退闲"本叶凡三见
新刑廿七	革閒弓手	元作"革闲"
新刑四三	不许閒杂人登场	元作"闲杂"

"扳援"必用"攀"：

目录五八	枉禁贼扳上盗	"扳"元作"攀"
刑二十一	扳连干证之人	元作"攀连"
刑三十三	时常指扳	元作"指攀"
刑八二十	妄称扳指	元作"攀指"
刑十四	或妄扳本官眷属	元作"妄攀"
新刑十五	将冬字廒短窗扳下	元作"攀下"

《元典章》例用简笔字，"攀""扳"繁简悬殊，而《元典章》必用"攀"，可见"扳"字当时并不通用。

"骚扰"必用"搔"：

目录三八	禁起军官骚扰	
吏五一	骚扰不安	
兵三二	百般骚扰	
兵三五四	提点官非理骚扰	元均作"搔扰"

"疏放"必用"疎"：

圣政二三十	尽行疏放者	元作"疎放"
新户廿一	疏放原籍财产	元作"疎放元籍"
新刑七	例应释放	元作"疎放"

"资财"必用"赀"：

吏三廿一	或挟多资	元作"多赀"
刑四十六	充茔葬之资	"资"元作"赀"

"价值"必用"直"：

户七三三	估體时值	元作"时直"
户八四	发卖价值	元作"价直"
户十二六	将物估體实值	元作"实直"

"女壻"必用"婿":

| 户四四 | 女偦 | 元作"婿"本叶凡四见 |
| 礼三二 | 壻家设位于室中 | 元作"婿""壻"均作"婿"数见 |

"扬州"必用"杨":

| 兵一四二 | 照得扬州省札付 | 元作"杨州"本叶二见 |
| 刑四五 | 扬州路申 | 元作"杨州" |

"城郭"必用"廓":

礼一十	出郭迎接	元作"出廓"本叶凡四见
礼三十七	附郭僧寺	元作"附廓"
工二四	随路州县城郭周围	元作"城廓"
新礼一	钦送出郭	元作"出廓"本叶二见

"木棉"必用"绵":

| 户七廿六 | 其馀木棉土布 | 元作"木绵" |
| 户八一〇三 | 折收到木帛布七千疋 | 元作"木绵"本叶二见 |

第四十八　从错简知沈刻所本不同例

沈跋云："此本纸色分新旧，旧者每半叶十五行，当是影钞元刻本，新者每半叶十行，当是补钞者。"今从错简及脱文中，考其行款，有与元刻本同者，有与半叶十行本同者。元刻本每半叶十八行，沈跋云十五行者，或另一钞本，非余所见之元刻本也。

今录其行款与元刻本同者如下：

吏一十	背四行"正五品"以后，错简十八行，适为元刻之半叶
户八六四	三行"宜准"以后错简，适为元刻之一叶尽处
户八八一	十三行"不尽"以后错简，适为元刻之一叶尽处
户九廿一	背八行"申到"以下，脱今本廿三行，适为元刻半叶之十八行

又录其行款与半叶十行本同者如下：

吏六廿二	七行后脱五行，彭本、方本同
户六十	四行后脱十行，适为彭本、方本之半叶
户六十二	背一行"者么道"下、"致有"上，脱二十行，适为彭本、方本之一叶
兵三十	背五行"省咨"以下错简，适为彭本、方本之两叶互错
兵三五四	背六行"一提"以下错简，适为彭本、方本之五叶互错
工二十三	背二行"事承"以下错简，适为彭本、方本之一叶

第四十九　从年月日之增入疑沈刻别有所本例

《元典章》每条起处，多冠年月日，亦有有年无月或有月无日者。沈刻自刑部卷十一第三十八叶起至工部卷末止，每有增入年月日，为元刻及他本所无。此非能虚构者，疑必有所本也，其所本为何，今不可知。据日本近日影印《永乐大典·站赤》九引《元典章》，有与今元刻不尽同者，则当时另有第二刻本，亦未可定。即无第二刻本，然与《元典章》同时及后出之官书，如《大元通制》《至正条格》等，均可据以校补。今故宫元刻本时见有墨笔添入之字，当即此类。则沈刻祖本之曾经据他书校补，自有可能也。

刑十一三八	延祐二年十一月二十一日	元作"延祐三年"，目录亦作"延祐三年"，惟"二十一日"四字，他本无
刑十一四二	十一月二十四日	"二十四日"四个字，他本无
刑十二六	三月二十五日	"二十五日"四字，他本无
刑十三九	五月二十五日	"二十五日"四字，他本无
刑十四三	至元十五年月日	七字他本无
刑十四三	至元八年四月二十六日	十个字，他本无
刑十四四	至元八年三月二十一日	元作"至元五年六月二十五日"
刑十五四	五月二十四日	"二十四日"四个字，他本无
刑十六三	至元八年六月二十三日	十个字，他本无
刑十七三	十月初九日	"初九日"三字，他本无

刑十八四	十一月二十七日	他本只有"月"字,余字均无
刑十八六	八月二十六日	"二十六日"四字,他本无
刑十九十七	至元十三年十二月十八日	十一字,他本无,但目录亦作"至元十三年"
刑十九三九	至元六年月日	六个字,他本无,但目录亦作"至元六年"
工一三	三月十五日	五个字,他本无
工一五	至元十年月日	六字他本无
工二二	十月初五日	"初五日"三字,他本无
工三一	六月二十六日	"二十六日"四字,他本无
工三一	十一月二十八日	他本作"十月十八日"

惟《元典章》卷首目录每条下亦注年分,今沈刻所增年分,有与目录符者,有与目录不符者,且有与本条下文矛盾者,其所增又似不尽足据,此节须待将来之发见。

刑十六三	至元二十四年二月日	九字他本无,下文作"至元二十三年",目录亦作"至元二十三年"
刑十六三五	至大元年十二月二十一日	十一个字,他本无,目录作"大德二年"
刑十九三	至元三十一年十一月十六日	元作"至元三十年",目录亦作"至元三十年",惟"十六日"三字,他本无

刑十九三四	大德十一年十一月二十一日	元只作"大德十年月日",余字均无,目录亦作"大德十年"
刑十九四十	至元九年十月初六日	九个字,他本无,目录作"大德二年"
工一十三	至元二十三年三月二十五日	元作"至元二十二年",目录亦作"至元二十二年",惟"二十五日"四字,他本无
工二六	至元二十年十一月二十六日	十二字,他本无,下文脱"至元二十九年"六字,目录亦作"至元二十九年"

第五十　一字之误关系全书例

有一字之误关系全书者:
新纲目一　颁行四方已有　"颁行"元作"板行"
　　　　　年矣

"板行"之义,与下文"梓行"同。据此一字,知此书是当时地方官吏所纂,非中央政府所颁,无怪乎《四库提要》疑其始末不载于《元史》也。今改曰"颁行四方",则此书是当时中央政府所颁矣,然何以解于《元史》不载也。

又此书新集目录之末，有"至治二年六月"字样，谓此书之编纂止于至治二年六月也。然沈跋据新集中有至治三年事例，证明其不止于二年，亦据误本而误也。

新刑廿五	至治三年	元作"二年"，目录亦作"二年"
新刑六二	至治三年	元作"二年"，目录亦作"二年"。
		三年与二年，一字之误也

又此书正集纲目于元仁宗之"仁"字，元刻作一墨方，知此书开雕时，仁宗庙号尚未颁行。后人欲补入"仁"字，应于墨方之下注明"当是仁字"，不当径将墨方改成"仁"字也。今沈刻昧乎此。

纲目一	仁宗皇帝	元作"■宗皇帝"

此皆一字之微，关系本书编纂及雕刻之年代，并发行主体，不得轻心从事者也。

重印后记

《校勘学释例》本名"《元典章》校补释例"。余昔为同学讲校勘学，要举例说明，欲广引群书，则检对不易；欲单引一书，则例子不多。例子多就是错误多，错误多未必是好书，未必是重要的书，要找一本好书而又重要又错误多的书，莫如沈刻《元典章》。

《元典章》系一部内容丰富而又极通俗的书。通俗的书难得板本好、写刻精，沈刻《元典章》不然，写刻极精，校对极差，错漏极多，最合适为校勘学的反面教材，一展卷而错误诸例悉备矣。同人以为便于初学，因特重印以广其传。

陈　垣

一九五九年五月

图书在版编目(CIP)数据

史讳举例;校勘学释例/陈垣著. —上海:复旦大学出版社,2024.10
(文献学基本丛书/吴格主编. 第一辑)
ISBN 978-7-309-17187-7

Ⅰ.①史… Ⅱ.①陈… Ⅲ.①校勘学②避讳-研究-中国-古代 Ⅳ.①G256.3②K892.98

中国国家版本馆 CIP 数据核字(2024)第 015305 号

史讳举例　校勘学释例
陈　垣　著
责任编辑/高　原

复旦大学出版社有限公司出版发行
上海市国权路 579 号　邮编:200433
网址:fupnet@fudanpress.com　http://www.fudanpress.com
门市零售:86-21-65102580　团体订购:86-21-65104505
出版部电话:86-21-65642845
上海盛通时代印刷有限公司

开本 890 毫米×1240 毫米　1/32　印张 8.875　字数 191 千字
2024 年 10 月第 1 版
2024 年 10 月第 1 版第 1 次印刷

ISBN 978-7-309-17187-7/G·2558
定价:49.00 元

如有印装质量问题,请向复旦大学出版社有限公司出版部调换。
版权所有　　侵权必究